"荣耀作文"系列

藏在文字里的

魔术

王秋珍 著

作家老师造就《作家》学生

U0749538

浙江工商大学出版社
ZHEJIANG GONGSHANG UNIVERSITY PRESS

图书在版编目（CIP）数据

藏在文字里的魔术：作家老师造就"作家"学生 / 王秋珍著.
—— 杭州：浙江工商大学出版社，2018.1（2019.4重印）
ISBN 978-7-5178-2389-6

Ⅰ.①藏… Ⅱ.①王… Ⅲ.①作文课－教学研究－中小
学 Ⅳ.①G633.342

中国版本图书馆CIP数据核字（2017）第251951号

藏在文字里的魔术

—— 作家老师造就"作家"学生

王秋珍 著

策划编辑	周敏燕
责任编辑	厉 勇 杨 戈
封面设计	侯雅晴
出版发行	浙江工商大学出版社

（杭州市教工路198号 邮政编码310012）

（E-mail：zjgsupress@163.com）

（网址：http://www.zjgsupress.com）

电话：0571-88904980，88831806（传真）

排　版	杭州朝曦图文设计有限公司
印　刷	杭州五象印务有限公司
开　本	710mm×1000mm　1/16
印　张	12
字　数	177千
版印次	2018年1月第1版　2019年4月第3次印刷
书　号	ISBN 978-7-5178-2389-6
定　价	28.00元

第三只手

——写在王秋珍老师第10本书面世时

杜伟中

王秋珍老师的第10本书《藏在文字里的魔术——作家老师造就"作家"学生》将要面世了。她提前发书目和书稿给我,嘱我为她的第10本书作序。虽心怀惴惴,不敢提笔,但其书名吸引了我,我也像着了"魔"似的,一头钻进书稿中,想一探作家老师王秋珍造就"作家"学生的魔法究竟是什么。

这是一本系统总结王秋珍老师写作教学真经的书。第一单元——隐藏在文字里的魔术,从细节描写、语言运用、情感表达、层次安排、审题立意、写景状物、材料使用等文章自身的主要构件着手,向读者进行生动详实的介绍和深入浅出的阐述,既有理论又有实例,既有创意又接地气,所有例文都来自她和学生已经发表的文章。

第二单元——把写作当成一种游戏,则侧重于写作教学方法介绍。这些别出心裁的独门绝技,看似"游戏",新奇好玩,其实,它不仅是融科学性和艺术性于"游戏"式的作文教学中,更是教学生作文和教学生做人的有机融合。这些独门绝技易学易仿,切实有效。我相信,一书在手,细细研读,真心实践,写作之困可解矣,写作教学之难亦易矣。

这是一本真实展示王秋珍老师写作教学成果的书。从教以来,王秋珍已在《读者》《散文》《人民教育》《中学语文教学》《语文学习》《小小说选刊》《知音》《故事会》《新民晚报》《国际日报》等国内外报刊发表文章2500多篇,出版《巧克力》《棒棒糖》等专著9部。她的学生在《中学生天地》《语文教学与研究》《羊城晚报》等报刊发表作文1900多篇。每学期一册十几万字的班刊《金秋》,已经编辑了47期。这一丰硕成果让人羡慕,也遭人怀疑。王秋珍把它发布到"棒棒糖王秋珍"的微信公众号上,被一个远在黑龙江有10年教师生涯的蒋先生质疑,说她吹牛。王秋珍解释后,蒋先生依然愤愤然道:"就算20年里发表100多篇,也是不可能的数字。"弄得王秋珍哭笑不得。其实,王秋珍手上的这届初一学生,仅仅9个多月,她就帮助两个班106名学生每个人都发表了作文,人均两篇多,多的达到了七八篇,并上了《做人与处世》《中学生》《创作》等杂志。

蒋先生的愤愤然,恰恰从反面证明了王秋珍写作教学的成果,是我们一般语文教师高不可攀的,遥不可及的。成果的意义,不只是闪亮耀眼的数字,更是让王秋珍日常作文指导用例不依赖作文选,自家仓库取之不尽,用之不竭,信手拈来,亲切自然,富有特效。

这是一本详实介绍王秋珍老师和学生一起成长的书。王秋珍好读书,是阅读给了她支撑,是阅读给了她温润的灵魂。阅读是她奔跑的草原,读书者是她一辈子的身份。是读书使她的内心像向日葵一样,饱满坚定,明亮无畏。

王秋珍勤写作。从下水作文到教学论文,从散文随笔到校园小说,教学的经验体会,人生的酸甜苦辣,自然的赤橙黄绿,生活的见闻思考,都被她一一记录下来。文学让她找到了幸福的出口。因为文章写得多,写得好,王秋珍成了《教师博览》的教育人物和《语文学习》的封面人物。是坚持不懈的写,让她顺利叩开省作协的大门,成了他人仰慕的作家,成了《百花园》《散文选刊》等杂志签约作家,成了"莳花弄草""名师讲坛"等专栏作者。她说:"我由一个单纯的读书者摇身一变成了写作者。在时间的洪流里,我用文字留下脚印,笨拙却不乏甜蜜。"2017年7月,著名作家梁晓声当众祝愿王秋珍文思泉涌,写出更多激励人心的文字。

王秋珍爱学生。在王秋珍的影响下,她班上爱好文学的学生特别多。让学生畅想自己的梦想,想当作家的也是最多的。她的学生走上社会和工作岗位后有不少是做文字工作的。这是一个语文老师最欣慰、最骄傲和自豪的事呀!

论出身,王秋珍老师是一个贫穷农家的平凡女孩;论身体,王秋珍老师身材不算高大,体格也不强壮,不健康因子还日日冲着她叫嚣;论学历,王秋珍老师最初只是中师毕业,靠边教书边进修获得大学文凭。那么她的作文真经从何而来? 作文成果何以得丰? 作家老师和"作家"学生靠什么造就?

没有别的,只是王秋珍老师比我们许多语文老师多了一只手,她有一只无形的第三只手。这只手,是一只好动笔的手,一只乐动笔的手,一只写作上能点石成金的魔手和高手。我们应该为这只手点赞:

> 每日一名言,抄在黑板上,
>
> 既净化学生灵魂,
>
> 又升格学生作文,
>
> 这是一只持之以恒有思想的手;
>
> 师生同桌下水示范,
>
> 师生同题比试高低,
>
> 这是一只智勇双全有力量的手;
>
> 小说接龙挑战想象,
>
> 老师开头学生续写,
>
> 这是一只掌控调度有凝聚力的手;
>
> 初办班刊,亲自用铁笔刻蜡纸,
>
> 积年累月,亲自为学生修改润色,
>
> 这是一只不怕辛苦有坚韧毅力的手。
>
> 我高声赞美这第三只手,
>
> 我呼唤更多的语文老师也有第三只手。

记得1997年,我以东阳市教研室的名义给王秋珍出了一本书,命名为《王秋珍下水作文集》。该书的序中有"希望王秋珍老师能写出更多的书来"的话。王秋珍老师努力了,真的做到了——尔来20年已写至第10本,实在不易,令人钦佩。成书之际嘱我为她这个大名鼎鼎的作家作序,实不匹配,真不敢再提什么希望了。但我又多么希望能借王秋珍老师这第三只点石成金的魔手,如孙悟空般让更多语文老师变出第三只手来。

若如愿,愿以此拙文代为序。

2017年8月

目录

第三单元

你是我奔跑的草原

第一单元

隐藏在文字里的魔术

隐藏在文字里的魔术

同学们,我们每天都要刷牙,刷牙前要挤牙膏。你注意过你们一家子是怎么挤牙膏的吗?

也许,你是直接从牙膏顶部开始挤的,你妈是从牙膏底部一点一点向前挤的,你爸是从中间捏住往前挤的。每个人挤牙膏的部位、快慢、多少都会不一样。这就是细节。

细节在生活中,也在工作中。

有一个报道,说郑州有一个神探,很多人仰慕他的神力。他告诉记者,自己只是注重细节而已。有一次,二七纪念塔旁边有个小饭馆夜里失火了,人和物都烧得面目全非。公安人员请他去看看,他得出一个和别人完全相反的推论:先杀人后纵火。他观察到小饭馆里有张桌子全烧黑了,但抽屉的铁挡板在桌上扣着,桌上有一块没有完全烧黑。他从这个细节判断:很可能是盗贼来抢钱财,开了这个抽屉,把铁挡板放在桌上,然后和主人发生了争斗。后来深入调查,发现事实果然如此。

细节自然也体现在文学作品里,把以上细节写下来,就可以是一篇有生活气息的文章。说到文学作品中的细节,不少作家有精彩的见解。池莉说:"我偏爱生活的细节。我觉得人类发展了这么多年,大的故事怎么也逃不脱兴衰存亡,生老病死,只有细节是崭新的,不同的时空,不同的人群,拥有绝对不同的细节。"李准认为:"没有细节就不可能有艺术作品。真实的细节描写是塑造人物,达到典型化的重要手段。"恩格斯把"细节的真实"列为现实主义文学的两个基本条件之一。高尔基则把细节描写称为"隐藏在文字里的魔术"。可见,细节描写至关重要,它具有神奇的魔力,足以决定一篇文章的成败。

那么,什么是细节描写呢?

细节描写是对事件发展和人物的肖像、语言、心理、动作、神态以及环境等所做的细腻而具体的描写。也就是说,抓住生活中那些具体的、细微的、富有特色的情节,把它们生动细致地描绘出来,用于刻画人物的心理活动,表现人物的复杂性格,烘托故事的氛围,推动情节的发展等。一篇文章,有了成功的细节描写,才能赋予文字生动感和真实感,给读者如见其人、如临其境的感受。

写好细节描写,是有章可循的。

一、化概括为具体

有的同学写文章,特别爱用成语等非常有概括性的词语,觉得这样写显得词汇量多,有水平。比如,写班上的同学聪明,有位同学这样写:

我班的王凡雪可以说是机智过人、冰雪聪明、见多识广、伶牙俐齿、精明能干,怎么说呢,就是一句话,太聪明了。

这段话是否让你哑然失笑?用了这么多成语,读者还是云里雾里,不知道这个王凡雪同学到底有多聪明,更无法让大家喜欢上这个人物(不过,倘若是以搞笑的方式作为开头还算可行,但是后面还是要安排具体的细节)。

再来看这则作文片段:

在气氛欢快的语文课上,常常会出现一些课本剧表演和分角色朗诵。在这种时刻,当别人还在犹豫的时候,章小黑总是第一个举手。在上《吆喝》一文时,章小黑要学街上的大伯大妈扯开喉咙喊,我正想看笑话,没想到他挠挠头,马上酝酿好了:"卖麻糍——卖麻糍咯——"这东阳的方言竟然说得比我还要标准!明明他来东阳不久啊!真是牛得让人难以置信。

在阿秋老师让我上《好嘴杨巴》时,我安排了一个课本剧,有意让章小黑上台表演。在课文里,杨七、杨巴可是要磕头的啊!我看他能用什么方法解决。

章小黑和另一位同学上台了,念台本念到磕头的地方,章小黑用手背在地上敲了起来,咚咚咚的声音居然很有磕头的效果。他的脑袋跟着一起一伏的,没多久,手背都拍红了。我着实吃了一惊,看来章小黑的应变能力真是不可小觑啊!

——选自学生陈佳瑶《牛人章孜勤》

陈佳瑶同学的这段话,把人物放在具体的情节和环境里,章小黑吆喝卖麻糍的声音和以手背敲地代头咚咚咚的磕头声,都给人留下了难忘的印象。细节描写要慎用成语,慎用"很"一类的程度副词,尽量多用表示直观感觉的词。

七 月

王秋珍

他的视线被一望无际的稻田吸引。那是怎样的黄啊,带着明艳,带着清香。他忍不住狠狠地吸了一口。那味道,有些生猛,有些呛人。

可不,没有一丝风,地上就像下了火。爹和娘半蹲着身子,沙沙沙的割稻声很有节奏。他刚走下地,就被爹喝住了:"回家去!凑什么热闹!"

爹就喜欢这样说他。他就是不明白,他都长大了,为什么不能为家里出一份力呢?

从小,他就被爹当女孩似的养,这活儿不让干,那活儿不让干,到如今,18岁的他,两手还白白嫩嫩的,老被同学笑话,说他像个城里人,不晒太阳不干活儿。

小时候,他也有和田野亲近的时光。那时,爹和娘在打稻子。他在一旁捉青蛙。他将右手手掌铺开,做成弓状,往青蛙身上扑。那一跳一扑的样子,好像自己成了一只大青蛙。有时,他还会将脱了粒的稻草堆当滑梯,滑上一遍又一遍。

等到谷子都打下来了,就要扬谷子。他学着娘的样子发出"呜——兮,呜——兮"的声音,娘说,这是说给风听的话,让它过来,把没用的稻叶啊什么的吹走。

说起娘,可比爹通情达理。

娘老是对爹说:"孩子像庄稼,需要经历风和雨。"爹脸一沉,说:"读书才是硬道理。生在我们农家,哪个孩子不吃苦?人家城里人从小还吃什么牛奶什么麦片呢。农村的孩子,哪个不是田野的风刮大的?我小时候可苦了,现在又有什么出息!"

爹的话砸在地上,发出咚咚咚的声响。他下巴上那颗黑黑的痣,好像在打着节拍。

"明年的七月,你就发榜了。今年的七月,你什么活儿也不要干,一心一意地复习功课。爹和娘都还年轻,有的是力气。"爹的话,像田野的风一阵阵地刮。

暑假一来,就意味着他高三了。八月,学校统一安排补课。七月,在爹眼里,就成了抢成绩的黄金时段。

"城里的孩子没有农活儿,天天在空调房里补课呢。"爹说起这话,好像亏欠了他似的。

他带着爹的期望坐在书桌前。这张书桌,是前年七月爹特意请木匠给他打的。当时花了五个工夫。农村里,一天算一个工夫。工资是按天数来算的。为这张书桌,爹卖了三担谷子。他想着爹汗珠子摔成八瓣的辛苦,就抛却杂念,扑到了题海中。

他和爹的日子,像两条平行的河流,在哗啦啦地朝前奔。

突然有一天,河流断流了。

得到消息,他的魂都吓没了。

他见到爹的时候,爹已经躺在医院了。村里的好心人第一时间将爹送到了医院。娘在一旁不住地淌眼泪。

爹的三轮车在运谷子的时候,从两米多高的路基栽了下去。爹和车和一车谷子一起倒在了稻田里。

爹一直昏迷。世界突然沦陷了。此时的娘成了一张薄薄的纸,被悲伤整个儿浸湿了。他看看娘,又看看爹,眼睛里漫起了雾气。

有多久没有好好看过爹了?眼前的爹,像村口那棵老槐树,满身的沧桑。爹是那么的瘦小,好像周围的每一寸空气都在欺负他,让他贴在白白的床上,那么单薄,那么虚弱。他想起爹笑的时候,下巴上的痣好像能飞起来。只要他告诉爹得了好名次,爹就会开心得眼睛里漾出光芒,像冬天的炉火温暖而愉快地跳跃。

他的思绪像春芽在长,眼睛里的雾气越来越浓。他下定决心不能让爹这么操劳了。爹干的活儿,他都要学起来干,而且要和爹一样干得漂亮。

不知过了多久,爹的眼睛突然睁开了,睁得很急,好像能听见上下眼皮迅速扯开时发出的吧嗒声。爹的眼神很准确地落到了他的身上,喉咙里跑出一个声音,虚弱得像风中的水珠,却依然坚定无比:"读书!回家去!凑什么热闹!"爹下巴上那颗痣好像突然变大了,正在扑棱扑棱地生气。

他的泪唰地流了下来。

他知道,爹的心里满满的,装的都是他。

他知道,爹从小没上过学,认识几个字的爷爷硬说自己可以教他,把钱省下来,可以糊嘴巴。晚上,爷爷在爹的肚皮上用手指慢慢地写字,教他怎么写怎么念,爹困得不行,有时睡了过去,又被爷爷摇醒。

爹总说，我的孩子，一定要让他上学堂好好念书，砸锅卖铁，我都愿意。

他不知道，其实，他不是爹的亲生儿子。

当年，娘因为一个误会和爱人分手。是爹，让当时绝望的娘重新点燃了生活的希望。

此时，他看见娘摩挲着爹松树皮一样的手，目光里满是水一样的温柔与疼惜。

他的心，好像停歇在花瓣上，充满了温暖与感激。

这是一篇体现父爱深情的文章，发表于《教师博览》《百花园》等杂志，文章将父爱体现在一个个具体的细节中：不让儿子下稻田、给儿子打书桌、即使住院了也赶儿子读书去……一个个细节撑起了厚重的父爱。"爹的眼睛突然睁开了，睁得很急，好像能听见上下眼皮迅速扯开时发出的吧嗒声。爹的眼神很准确地落到了他的身上，喉咙里跑出一个声音，虚弱得像风中的水珠，却依然坚定无比"，这样的文字具体形象，富有直观感、镜头感。

学生例文

外婆的"戒指"

楼淡如

外婆年轻时，心灵手巧，这是全村都知道的事。

小时候，我最喜欢跟在外婆身后，看着外婆做针线活。而每次做针线活时，外婆总会戴上一个布满小坑的金色"戒指"。

外婆总喜欢用"戒指"的身体去顶针尾，而外婆的手每去顶一针，针就会像条灵活的小蛇，"咻"地穿过那一块最坚硬的地方。这让当时的我看得一愣一愣的。

在小小的我眼中，外婆手中的"戒指"是个神奇的存在。

听母亲说，她小时候家里穷，没有钱买鞋子，也没有钱去修鞋子。这时的外婆成了母亲眼中神一般的存在。每一次，无论鞋破得有多彻底，外婆总会在母亲上学前，变出一双好好的鞋子。母亲说，她小时候一年四季穿的鞋子都是外婆"变"出来的。母亲的这番话，让外婆在我心中本来就伟大的形象，变得更加伟大。

也是从那以后,外婆手中的"戒指",于我而言成了一件神秘的东西。

每一次在外婆做完手工活后,我都会屁颠屁颠地跑过去,小心翼翼地从外婆手中接过那枚"戒指",轻轻地包着它,放回柜子里,仿佛在看待一件心爱的宝物。

一次,和小伙伴们在一起时,也不知怎的,突然扯到了这枚神奇的"戒指",小伙伴们当然说不相信。于是,我拍拍胸脯说:"明天,我会把它带来给你们看。"刚说完这句话,我便一下子没了底气。因为,我不知该如何同外婆说。

在吃饭时,也许是外婆看出了我的不对劲,吃完饭后,她把我叫进了她的房间,轻声细语地问我怎么了,我支支吾吾地说完这件事,一抬头,便看到外婆用慈爱的眼神看着我。然后,外婆又轻声细语地安慰我,并同意我带走她的"戒指"。

至今,我还记得小伙伴们那羡慕的眼神。

回到家后,我兴高采烈地和外婆说了当天的事,然后从掌心里拿出那枚"戒指",小心翼翼地放在桌子上。外婆看着我一脸紧张的样子笑笑,拿起那枚"戒指"便开始捣鼓手中的东西。外婆把早已在纸上画好的底样剪了下来,然后用好几层棉布叠加在一起,再拿起针从四周穿过,每穿一针,她都要用"戒指"去顶针尾。在做别的东西时格外灵活的针在这里却变得笨拙,不仅一下子穿不过去,就算穿过去了也拉不过来,有时外婆还要用自己的牙齿将针拉过来。

我一直在旁边看着外婆,直到大钟又一次敲响,我才如梦方醒。外婆抱着我回房,轻拍我的背说:"该睡觉了。"我不清楚外婆做了多久,我只知道在我半夜起床的时候,客厅的那盏小灯还亮着。

在我生日时,外婆递给我一样东西,那是一双草绿色的布鞋,上面还点缀着几只蝴蝶。我惊喜地看向外婆。外婆冲我笑笑,轻声说:"穿上试试。"我将它穿上,两只小脚晃啊晃,炫耀着有了新的鞋子。

下雨天,怕泥巴太多弄脏了鞋子;晴天,怕灰尘太多弄脏了鞋子。就这样,放着放着,鞋子居然穿不上了。

想让外婆再为我做一双,却忽然发现,外婆已经吃不消做鞋子了。那双记忆中戴着金色"戒指"顶针尾的手,已经没有力气继续顶了。

而我也渐渐知道了,那枚神奇的"戒指"其实就是顶针,一个出现在杂货铺里的东西。可是,无论是现在慢慢长大的我,还是小时候的我,都固执地认为,那是一枚

"戒指"。

是的,这是一枚"戒指"。一枚在我童年里占着巨大空间的"戒指"。

这篇文章的细节非常生动具体,外婆用"戒指"的身体去顶针尾、外婆"变"出鞋子给孩子穿、外婆用牙齿拉针等。这些细节成就了一枚神奇的"戒指",也成就了独特的童年以及我们心底那份柔软的爱与感恩。

二、在关键处驻足

美学家朱光潜认为,记叙文的叙事部分大半只像枯树搭成的花架,用处只在撑持住一园锦绣灿烂、生气蓬勃的葛藤花卉。而细节就是满架的繁花。细节描写的方法之一就是停下脚步描绘和欣赏那"满架的繁花"。

教 师 下 水

爱情本本

王秋珍

"这个包哲学,实在太过分了!"毛衣衣双手托着那个艾绿色的记事本,脑子里像住进了不可理喻的马蜂。

曾经好几次,毛衣衣看包哲学在本子上写啊写的,根本没有在意他在写些什么,不想这次无意间整理床头柜,看到了它。

不,她看到的不是包哲学的记事本,而是包哲学对她的讨伐对她的抱怨。

"她又发大小姐脾气了。她叫我照顾她住院的父亲,我没答应,她就生气,生气起来像头母狮子。"

毛衣衣想合上本子,却管不住自己的手一页一页地往下翻。

"她又不高兴了。她喝多了酒,丑态百出,还把鞋子往人脸上踩。"

"去吃麻辣火锅,却吃了闭门羹。她就是这样,做事磨磨蹭蹭的。"

天哪,这就是自己爱的男人吗?怎么像个生活在20世纪80年代的农村大妈,斤斤计较、唠唠叨叨、自私自利呢?

毛衣衣真想哭,为自己的爱情掉几滴泪。可是,她的眼睛却不肯听话,居然像录音机倒带似的，一直追看到了两年前。

毛衣衣和包哲学相识在一次野外游。城市长大的毛衣衣对什么都很新奇，她甚至分不清麦子和韭菜。是包哲学，带领她走进了可爱的田野。

那一次，包哲学带她认识了鲁迅笔下的何首乌，它们长着心形的叶子，一条条垂挂在石头墙壁上，像美眉的裙子在风中摇曳。包哲学带她认识了蚂蚁草，叶子水灵灵的，像塑料做的，据说还可以炒着吃、腌了吃。包哲学还带她认识了坚韧的牛筋草。毛衣衣想扯上一根，结果右手食指划出了一道深深的痕。毛衣衣怎么也忘不了包哲学那爱怜的目光。

那次，毛衣衣第一次看到了麦花。青碧的穗头上附着好多好多无法计算的白色花朵，小得像针眼。春风轻吹，麦花飞舞起来。毛衣衣用手扯着薄荷绿雪纺裙的裙摆也轻轻舞动起来。包哲学手指一动，将毛衣衣舞动的倩影定格在手机里，同时，也定格了两人美好的情愫。

"男人为什么会有两张脸？我以为他是温润谦和的食草男，不料却是小肚鸡肠的那什么？"毛衣衣喝了一口卡布奇诺拿铁，问。

"那什么，那就是包哲学呗。"闺蜜居然还有心情开玩笑。

"拜托，给我诊断诊断，开个药方行不行？"毛衣衣杏眼圆睁。

"我看呐，他每天记你，没记别的女人，最起码心里装的都是你啊。"闺蜜一说，毛衣衣点了点头。两个女人嘀嘀咕咕了一阵，毛衣衣哼着歌回了家。

次日，毛衣衣买来一个秋香色的本子，学着包哲学的样子记啊记。有几次，包哲学看到了，毛衣衣就身子一闪，立即把本子藏好了。那神神秘秘的样子像个地下工作者。

次数多了，包哲学的心里像栽了一根刺。

那天，两人为网购的事情闹了别扭。包哲学责怪毛衣衣一买就那么多，简直是烧钱。毛衣衣不理他。

晚饭后，毛衣衣又趴在台灯下在写着什么。一看到包哲学过来，她就合上本子要闪身子。包哲学忍不住问："衣衣，你在写什么啊，能不能拿出来看看？"

毛衣衣顺手把本子夹在左腋下，侧身反问："有什么好看的？都是些鸡毛蒜皮。"包哲学的脸色有点儿变了，说："是不是写了骂我的话，不敢让我看啊？还是有一些不想让我知道的隐私?"

毛衣衣好像生气了,甩过本子说:"看吧看吧。"

"包某人的衣服该更新了,可他每次都说不用买,我买自己的就行。网购实惠,我要多给他选几件。"

"麻辣火锅没吃成,去吃了麻辣龙虾,包某人给我挑了雌的,他说雌的更好吃。"

……

没看几页,包哲学就停住了。他放下秋香色的记事本,重重地抱住了毛衣衣,抱得毛衣衣喘不过气来。

可是,毛衣衣高兴。

可不,现在的她和他,多么像一棵合欢树,在青翠蓊郁中舞出一曲深情。两个本本扑通扑通滚落床下,好像在为他俩喝彩。

包哲学带领毛衣衣走进了可爱的田野。这时,文章没有马上推进别的情节,而是停下来细细描写田野上的何首乌、蚂蚁草、牛筋草、麦花等。这里看起来是在写花花草草,其实是通过乡土味的细节展现了爱情的甜蜜和美好。再看下一篇:

教 师 下 水

豆腐西施

王秋珍

老街腰部站着一棵榕树。树冠呈馒头形,叶茂蔽天,老街的人,都喜欢来这儿聚聚。

其实,大伙不仅仅奔着榕树而来。榕树边就是豆腐摊,有一家卖主是西西,长得水灵水灵。那皮肤,像鸡蛋刚剥了壳,像能掐出水的豆腐。那手指,简直就是一棵棵的小葱,看一眼,就知道有多滑嫩。

莫非,是豆腐滋润了她?

其实,西西的工作蛮辛苦的。

头一晚,西西将一颗颗黄豆挑拣清洗再浸到桶里。大清早,当大伙还在梦乡里的时候,西西就起来磨豆。

西西家的小院里，长年放着一个石磨，上为磨盘，下为磨底。磨盘上有洞穿的一孔，磨底有螺旋的石纹。石磨上，绑着一根光滑得发亮的榆木磨杆。人家是一人添豆一人推磨，西西却能自己添自己推。

豆磨好了，西西再把大半锅的水烧开将豆浆全倒入水中烧沸。接着，西西支好豆腐架，放上淘箩，将一块方形的粗纱布，也就是豆腐服，抛在淘箩上，形成一个大网兜。西西将熬好的豆浆一瓢一瓢倒入豆腐服中。伴着哗哗的声音，豆腐服下是纯豆腐，里面就是豆腐渣了。为使它提炼得彻底些，西西用夹板夹住豆腐渣，将残留的豆浆挤净。

俗话说："一物降一物，卤水点豆腐。"点卤是关键的一环。卤水少了，豆腐太嫩，结不成豆腐花；卤水多了，豆腐太老、太硬。西西将纯豆浆倒入锅中，加热之后，就拿铜瓢点盐卤。西西一点点地加卤水，就像在蒸蛋上，用调羹慢慢地加酱油。那专注又带点专业的神情，俨然一幅美丽的版画。慢慢地，豆浆结块了，像云，似雪，如花。水越来越清，豆腐花越聚越多。氤氲在豆腐花的雾气里，西西像电影里的西施一样，脸上泛着羊脂玉的光泽。

最后，西西开始压豆腐。西西将木框摆好，将豆腐服放在木框中，将豆腐花一瓢瓢舀到木框里。舀完了，就将豆腐服的四角翻过来，将豆腐花包住，上面用砧板、钵头压上几分钟。

西西一天只做一框豆腐。

老是有男子冲着西西说："豆腐西施，瞧你那白脸蛋，是豆腐做的吗？"每次，西西都懒得搭理。于是，就有人不高兴了。一天，小三黑拿起一块豆腐说，这豆腐，长成啥疙瘩了啊？还要臭美！

话里有话。西西只当没听见。

不过，有好事者拿来了不远处小苏豆腐摊的豆腐。不比不知道，一比还真有问题。你看人家小苏的豆腐，光滑、白嫩，西西的豆腐呢，表面粗糙，白里带点黄。

小三黑总结道，可怜我们被蒙了这么久。

没过多久，榕树下聚的人少了。不远处老是传来打情骂俏的声音。那个长着一脸雀斑的小苏咧着大嘴巴，开心得雀斑都要飞起来了。

西西不急不徐，一脸榕树般的随和。风吹过，一旁的榕树发出哗哗的声响，不知在为谁唱赞歌。

日子一天天地过去,榕树开花了。小小的花儿躲在小罐子似的花托内。天气越来越暖和了。某个午后,不知谁突然发现,小苏豆腐歇业了。

正在大伙纳闷时,小三黑出现了,他神神叨叨地说,你们知道吗,小苏的豆腐有问题。她的豆腐加的是石膏和甲醛,做出来白嫩嫩还保鲜呢。吃了不仅嗜睡还影响视力。我呀,就是受害者。说完了,他又往榕树方向扫了一眼,轻声道,这回,我可算正义了一回。

此后的每一天,西西的豆腐总是早早就断货了。有人建议她再做一框,她笑笑不语。可那眉眼分明在说,人生就像做豆腐,认认真真才是真。

豆腐西施西西如何推磨、添豆,如何熬豆浆,如何点卤、压豆腐,写得相当细致。这么铺陈,一来给文章增加了知识信息量,二来突出了主人公做豆腐的认真。假如这里不停下脚步,只写西西做豆腐很认真,会削弱后文带来的震撼力,无法起到应有的效果。写文章也需要一张一弛,有时需要快一点的节奏推进情节,有时需要舒缓的节奏,来点看似闲笔的细节描写,使文字在一呼一吸中焕发生命的活力。

三、写出"这一个"

细节描写切忌人云亦云,没有个性。写人要如见其人,写景要如临其境。金庸先生小说中的人物几乎每一个都成为经典。因为每一个都是独特的"这一个"。我们要做生活的有心人,发现细节,再现细节。

北岛曾说,我们生活在一个没有细节的时代。他在大学里教散文写作,让大家写写童年,发现几乎没有一个学生会写细节。每个人的童年都是差不多的,或者说是模糊的。这非常可怕。对生活的热爱是通过细节表现出来的。你笔下的"这一个"才是弥足珍贵的。我们来看这段文字:

外婆家的院子里有一口大水缸,里面盛满了清澈的水,我喜欢把手无力地搭在水面上,享受那种若有若无的漂浮的感觉。水缸比那时的我高不了多少,我想要玩水了,就搬一条凳子过来,踩在上面把手伸进水里。要是被外婆看见了就会把我抱下来,说:"那是外婆用来洗菜的水呀,怎么能被你弄脏啦?"我就笑着,把脸埋进外婆那条带着蔬菜清香的围裙里。那时小小的我,喜欢抬起头看着外婆在那个石头砌成的台子上洗衣服,喜欢用手接住滴落下来的肥皂水,或是看着水顺着石头的纹路流到草地上。

——学生胡籍文《老屋情结》

把手搭在水面上,享受漂浮的感觉;把脸埋进外婆带着蔬菜清香的围裙里;用手接住外婆洗衣服时滴落下来的肥皂水……这是多么独特的细节呀。它就属于作者胡籍文。这是她童年时的独特体验。你的童年,就没有这类生动又可爱的细节吗? 写下来,它就是属于你的"这一个"。

美国新闻学家雷特狄克认为,在人们的心里,蕴藏着各种各样的记忆,如果你能唤起他们心中的这些形象,你的描述就具有了激动人心的力量。我们要写出独特的"这一个",需要写出人和物的神韵,要赋予描写的对象生命感,写出蕴含其间的精气神,而不能只追求形似。我们来看我的学生厉汕已经发表的作文:

学生例文

我想剪下您的影子

厉　汕

晨曦初起,伴随着一丝凉意,我看到了相册里的您。年少的您,是那般无忧无虑,对生活充满了所有美好的想象。我想剪下您青春张扬的影子,收藏您少年不识愁滋味的甜美笑容。

正午时分,阳光普照大地。而您正遭遇人生重创。丈夫意外去世,留下嗷嗷待哺的小儿,未来怎样不敢想象。所幸遇到他,爱您疼您视小儿如己出。我想剪下您的影子,阴霾逐渐散去,笑容依旧甜美。

夕阳西下,阳光温和,正如此时的您慈祥平和。只是原来您也有走不动的时候,原来您也有没力气的时候,我想剪下您的影子,看尽世事的微笑甜美如初。

我刚出生时,您已八十岁,依然身体强健,常常抱着我哄我睡觉,您用自己并不宽广的怀抱给我温暖,还每天早起给我们做早饭。那时的您每天挺直腰板坐在桌前念经,那时您还回到镜子前梳理您那洁白稀疏的头发……那时的我们总觉得您会永远这么健康,永远不会老。

但再顽强的生命,也抵不过岁月的残酷,您最终还是倒下了。

那天,外婆出去倒垃圾的一会儿工夫,您竟摔倒了。外婆回来时,您已被邻居扶了起来。事后听邻居说,您似乎是去捡什么东西,起身时一个站立不稳,半边身子就撞在了墙上。向来爱整洁、注意形象的您觉得这么摔着太难看,不愿喊人,想自己站起来。一番努力终是不行,幸好邻居听到声音走了出来。可被您这一挣扎,骨折也就严重了。把您送到医院,医生说您是九十多岁的老人了,动不了手术,只能配些药回家,每天躺在床上。那天我们去看您,看到您的手臂又黑又肿,想来您该是怎样的疼痛啊!虽然有止痛药,那也只能止一时之痛,可您却从没喊过一声痛,您总觉得您只有外婆一个女儿,已经让她很累了,不想再增加她的负担,可这样的您让我们有多心疼。看着您凌乱的白发,想来定是痛得没力气了吧!

那些天,您的痛楚无人可以替您承受,我们也是提心吊胆,害怕一转眼人就消失了。我想剪下您的影子,愿您风华如故,眉眼如初。

在外婆的精心护理下,您渐渐好转,手会动了,可以自己拿着包子吃,也能自己慢慢转个身动一下,我们终于松了口气。可头几天外婆说您长褥疮了,无论外婆如何擦洗翻身,去医院配了几百块的药膏给您擦了还是没用,医生说年纪大了皮肤不好,除非您不用躺在床上,不然他们也没有办法。难道是上天觉得您太完美,硬要把您从我们身边拉走吗?拜托您快点好起来,不要总躺在床上,我还没有好好孝敬您呢!

有时无比美慕姐姐那口标准的家乡话,可以与您沟通自如,而我只会用几个简单的别扭的家乡话与您打个招呼。如果我会说家乡话就好了,那与您的关系是不是就会亲近些,至少您的晚年就不会太孤独。

我想剪下您的影子,不论是年轻时还是年迈时的您始终都是美丽的;我想剪下您的影子,为您抚平伤口,日日相伴;我想剪下您的影子,带您去看秀丽山川……我挚爱的太婆。

作者写的是九十多岁的太婆,抓取的细节有着旧年代过来的老人的特征:挺直腰板坐在桌前念经,在镜子前梳理洁白稀疏的头发,摔倒了觉得形象不雅不愿意喊人,身体再痛也想忍着……一个善良、年迈又隐忍的老人在一个个细节里给读者"这一个"的印象,使人过目不忘。

学生例文

大红门

陈　颖

泪,抹不去伤痛,却挽留了最初的记忆。

——题记

天空,黑色在渐渐蔓延。昏黄的路灯下,昔日的喧闹似乎早已不复存在,小雨稀稀落落。窗户虽关着,我却分明感受到了丝丝凉意。依旧是古城肖像,却找不到昔日的温暖。泪,划破黑夜的痕迹,记忆,却依然清晰。

在如此寂静的夜里,我思念着你。

记忆里,你蹒跚的背影依旧清晰,你的话语不多,可你的笑容却诉说了许多,愉快,悲伤,寂寞,时光似乎被拉长了,回忆渐渐被它抹去了棱角。你慈祥的微笑还是暖在我的心里。可当我再次漫步雨巷,却没有了往日的愉快。

也许再次漫步田野,我还可以寻找你的身躯所在之地——那个小坟包。但是,它已快被时光渐渐踏平。泥土,划过的一瞬间还是没有一点温度。外婆,你是否还记得我,记得我们在一起的时光?

还有那熟悉的大红门?

小时候,你掌心的温度便是我最留恋的,你大大的手掌握住我小小的手掌,我就好似握住了生命的依赖。还记得那旧得已经掉漆了的红门吗?它不引人注目,却让我的童年十分快乐。还记得那只大大的花斑狗吗?趴在红门前的那只大狗,还有那槐花的芳香?也许你都不记得了,也许你已经释然了。

我最喜欢你拉着我的手,带我去红门。

这是一个不引人注目的地方,但对那时的我来说却是儿时的乐园,因为它一打开便是热闹的集市。我常常拉着外婆去集市上玩。买一串珠珠儿,嚼两颗麦芽糖,拿着糖水棒冰,带着愉快的笑声回家。不知道为什么,红门前总是卧着一只大狗,懒懒地趴着,似乎永远都不会起来。每次路过我都会远远地躲着。外婆说,不用害怕,狗也有自己想守护的东西呢!

"那外公呢?他会不会有自己想守护的东西呢?"年幼的我突然问道。外婆的鼻子红了,没有说话,过了好一会儿才说:"每一个人都有自己想守护的东西啊! 我们家颖颖想守护什么呢?"我只是一个劲儿地傻笑,不说一句话。

后来我就去了另一个城市,对那里的事情一无所知。

直到外婆,你的去世。

我又去了红门。红门已经不见了,据说已经被拆掉了,留下了记忆残缺的碎片。那只大狗也不见了,据说是被城管打死了,守护再也不存在。

我分明感到,我的眼角湿了。

我的记忆,也被打湿了。

作者撷取红门这个地方,来回忆和外婆相处的点滴。作者小小的手掌被外婆大大的手掌握着,买一串珠珠儿,嚼两颗麦芽糖,拿着糖水棒冰,带着愉快的笑声回家。那只趴在红门前的大狗也是文章很成功的细节。作者还让狗有呼有应,使文字和情感都得到了妥妥的照应。作者的思绪和感情走在逝去的时光里,走在如今已经拆掉的红门里,读来让人有种淡淡的忧伤。这篇文章是陈颖同学七年级时的作文,我们却分明地感觉到她文字的凝重和细节的出彩。

综上所述,只要同学们在细节方面下足功夫,就能将看起来平凡的素材写出动人的一面。

当然,注重细节描写,并非把拉拉杂杂的任何人、事和物都往细致里写,也不是搬用修辞、堆砌辞藻,更不是为了凑字数让文章冗长。所有的细节描写都必须为主题服务。任何无益于表现主题的旁逸斜出的描写,不管多么优美,多么细腻,都应果断舍弃。

言之无文,行而不远

——让你的语言美起来

先给同学们讲一个故事:

曾国藩自出师衡州后,湘军与太平军交锋,屡战屡败。

曾国藩战败的消息传到长沙,有人主张弹劾曾国藩,撤销湘军。曾国藩坐卧不安,不知该如何向皇上交代。看着幕僚草拟的奏折,他灵机一动,将"屡战屡败"改成了"屡败屡战"。

咸丰皇帝看了奏折后,感动于曾国藩虽败犹战的精神,令其重整旗鼓。

一个小小的改动,救了曾国藩。

语言,是有威力的。它是思想、情感的载体。我们评价一篇文章文字功底好,多半是从它的语言出发的。语言美不美,直接影响着文章的吸引力。孔子曰:"言之无文,行而不远",也就是说,如果文章没有文采,就不能传播到远方。精彩的语言会让人如品香茗,余味无穷。语言的美,不是华而不实的美,而是简单、干净,有光泽、有味道的美。那么,我们该如何写出这种美呢?

一、追求简约,学会留白

不少同学写文章,喜欢用啰里啰唆的语言,一句话能说清的事情,他能用上很多句。一件人人皆知的事情,他要什么都交代得一清二楚,生怕读者看不懂。殊不知,那些啰唆冗杂的语言会让人失去阅读的欲望。写作时要学会"留白",该省略的时候要省略,正所谓"不著一字,尽得风流"。

请看这段文字:

随着重重的关门声和离去的脚步声,这下,房子里真是没人了。本来还想去外面玩玩的,看来这几天都不行了。妈妈早早去上班,果然,世事难料,往往不尽如人意啊。无奈下楼吃完早餐,闲着无聊便去看电视剧,不知不觉竟看到了中午。

(来自学生作文《今天,爸妈不在家》)

这段文字无非是说妈妈去上班了,我看了一上午的电视,作者把它写得如此冗长、复杂,真是无趣无味。

再看以下文字:

老七不老。他个子中等,鼻尖圆圆,身上常年带着一股酸奶和大蒜的味道。

但杏花喜欢。她说这样的男人老实可靠。她,是悄悄对自己说的。

其实,杏花喜欢的是老七的手艺。

老七是个漆匠。凌晨三四点钟,报晓的公鸡还在熟睡,老七就穿上长袖上衣和长裤,往离村庄六七里的里山坞赶。那里有层层叠叠的山,山上长着一棵棵粗壮的漆树。漆树见了太阳就不出漆。天色昏暗,老七的手却像长了眼,很熟练地找到漆树,用刀子在树干上割开一个口子,灰褐色的黏稠树脂就哗哗地流到了老七带去的器皿里。空气里,弥漫着一股酸奶的味道。那是生漆的味道。

(选自王秋珍《老七》)

老七的身上为什么常年带着一股酸奶和大蒜的味道?这个不必急着交代。文章大多采用短句处理,使文字显得更简约。同学们在谋篇布局的时候,要学会取舍,把那些可写可不写的都删去,把那些绕过来绕过去的线头剪掉。写好了自己多读几遍,觉得没有拖泥带水了才行。好的文字,能用两个字说清的绝不用三个字。废话太多,会大大削弱文字的表现力。

二、写出镜头感

镜头感也就是画面感。你笔下的文字要把人带进某个画面某个镜头,给人身临其境之感。为什么有画面感的语言容易给人留下深刻的印象呢?因为人的右脑对图像等画面细节极为敏感。据说,右脑的记忆力是左脑的几百万倍。刺激了右脑,也就是强化了记忆。镜头感文字最忌讳笼统。有的同学喜欢用"很"字来概括,给人一种语言单调、情景模糊的感觉。有的同学喜欢用大名词,让人不知道你到底是在写什么。比如,你单写"花",读者不知道是什么花,这是大名词,要把它变成小名词,具体到"喇叭花""指甲花"等,甚至"不知名的小花",都比一个"花"字要好。设想一下,如果你是导演,接到一个如此笼统模糊的剧本,你该如何拍摄呢?同学

们写文章的时候,不妨把自己设想成是导演,正在拍摄某个画面。例:

> 绿色的窄卵形叶片,有着不规则的锯齿小花边。花萼长长的,顶着四片紫色的花瓣,呈十字形舒展,在微风中飘裙般舞动,如荼的芬芳静静地弥散着。那一串串花,有的盛开,有的待放。盛开久的,成了淡紫色,仿佛素颜洗尽铅华;刚盛开的,紫得水润丰满,一如待嫁的新娘;没盛开的,摇着小铃铛一样的紫褐色花苞,仿佛在嚷嚷:"我要开花!我要开花!"不同层次的紫,像窈窕淑女的纤纤玉手奏出了初春幻想曲,美妙的旋律伴着若有若无的清香在四周嫩绿的青草上滑行。

（选自王秋珍《二月兰的初心》）

> 这个春天,温暖得过分。
>
> 你一眨眼,撒娇般投入春的怀抱。
>
> 在那片朦胧的林子里,棕榈剪下阳光的影子,稀稀疏疏地抖落下来。几束金红的光射入粼波微漾的湖,然后调皮地逗留在你的脸上。你精致的侧脸有了毛茸茸的轮廓。

（选自学生王莉《春日剪影》）

以上文字都是写景,画面感的语言把读者带进了具体而生动的场景里。花的颜色、体态、神韵,阳光的姿态和产生的效果都鲜活地出现在读者面前。这样的文字,又怎么会不吸引人呢?

三、融入真挚的情感

有的同学写文章喜欢东抄一段西摘一段,写的时候,总是把自己的情感游离在文字之外。我在批阅同学们的作文时,曾多次碰到这种情况:整段话看起来华美,却和内容没有任何关系。有的同学总是为那表面粗看起来的美费尽心思,却不知道让自己的感情和文字来一场约会。如果你把自己打动了,你的文字就已经是美的了。很多作家写文章,会为自己笔下的人物伤悲心疼,以至哭泣,他们是把自己的感情完全融入了文字。

语言不是没有色彩、没有感情的,每篇文章都有自己的情感基调。语言的情感,是作者彼时的情感。情到浓时,其美自现。同学们在表达的时候,要有意识地把自己的情绪融到语言里。比如这样一句话:"晚饭花开了。"这是客观的陈述,中性的表达,我们无法看出作者的心情是悲伤还是高兴。"晚饭花热热闹闹地开放了。

那一朵朵艳丽的玫红点缀在一片葱翠的绿色中,像少数民族富有风情的裙摆。那香气似乎有声响,会走动,一点点在空气中扩散,形成香味的旋涡,在风中慢慢飘散。"这样的语言,作者对晚饭花的赞美对生活的热爱就都呈现出来了。

再来看以下文字:

来到教室,我刚开口,同学们就伸出手来。那场景,俨然成群的鸟儿在阳光下振翅翱翔。剩下最后一颗的时候,我的手轻轻一扬,赵卓涵身子一跃,右手画过一个漂亮的弧,棒棒糖稳稳地落到了他的手中。同学们不由自主地鼓起掌来。笑声像一个球在教室四周滚动,所到之处溅起浪花朵朵。

(选自王秋珍《抢糖的孩子》)

我贪婪地赤脚踩完第十二级台阶,而你坐在第十三级台阶上对着我笑,我也想对你笑,可第十二级台阶的凉气不争气地消耗尽,我开始慢慢向上移去,终于和你并排同坐。

我迷恋赤脚踩在台阶上那短暂的凉气,像迷恋任何美好却遥不可及的东西。

你说如果下辈子找不到彼此,就到西藏去找你。

我问你为什么。

你说,那里有你最爱的格桑花。阳光顺着你的脸倾斜下,左眼边的那颗泪痣闪了一下。

(选自学生王雪畅《等格桑花开》)

文章对阳光、对笑声的描写,都洋溢着幸福的味道。这样的语言,让读者体会到了作者在课堂上的幸福和甜蜜。"第十二级台阶的凉气不争气地消耗尽",写出作者对短暂的凉气的迷恋。语言因为有了情感而有了生命。

四、体现生活气息

叶圣陶说:"说到底,写文章不是生活的点缀,而就是生活本身。"不少同学写文章,喜欢脱离生活,写一些想当然的文字。自己不过给爸爸端了一杯茶,爸爸就激动得跳了起来,连声夸奖:"好儿子,你懂事了!"老师在课堂上咳嗽了两声,同学们就泪花闪烁,齐声喊:"老师,您歇歇吧!"这些看起来高大上的语言,其实让人啼笑皆非。写文章不是喊口号,比赛谁更伟大。

"女人坐在小院当中,手指上缠绞着柔滑修长的苇眉子。苇眉子又薄又细,在她怀里跳跃着。"这是孙犁在《荷花淀》中的一句,形象地写出了女人的心灵手巧以及白洋淀的淳美,富有生活气息。紧接着,孙犁用朴质的白描写出了女人的内心。听说丈夫要去大部队时,孙犁写道:"女人的手指震动了一下,想是叫苇眉子划破了手,她把一个手指放在嘴里吮了一下。"这样的场景没有认真体验生活是写不出来的。

我们再来看以下文字:

父亲手握磨杆推动起石磨,母亲在磨杆过来之前,将浸得胖胖的、软软的黄豆添上磨。转一圈,倒一勺;转一圈,又倒一勺。我嚷嚷着要添豆,却总有不少豆进不了磨眼,且回回担心手被磨杆撞上。而母亲总能那么从容地将黄豆及时而又适量地添上磨,这让当时的我崇拜不已。那浸泡过的黄豆一点点进入磨眼,随着磨盘与磨底发出的吱吱声,磨底四周就会流出豆浆,像牛奶,又像厚粥,它们吧嗒吧嗒掉落盆中的声音,仿佛邻家的小儿在撒娇。

(选自王秋珍《豆腐飘香》)

我带着一路风尘,随着人流出了火车站,站在寒风中,我不住地发抖,四处寻找着来接我的爸爸。唉,一年没见了,我竟有些记不起爸爸的模样,终于,在不远处,我看见了爸爸。头发被风吹得好乱,胡子也密匝匝的。妈妈就站在爸爸旁边,由爸爸搀扶着,身上穿着去年过年时我给她选的黑色大衣……

(选自学生蔡璇《泪水不是酸出来的》)

磨豆的场景是不是给了你浓浓的生活味?这样的文字肯定不是凭空想出来的。很久没和爸爸见面的"我"出了火车站,在寒风中等爸爸。这带着酸涩的场景多么真实,多么生活!因此,我们没必要去刻意追求高大上,写一些虚假的东西,生活怎么样,就怎么样写。

五、不用污染性语言

语言真正的含义包括两个方面,第一是语,就是我们平时讲的平常话;第二是言,就是能够流传的经典语句。古人对圣人的标准是立德、立言、立功。可见"言"的境界是多么高!

可是,有的同学喜欢用粗俗的不雅的语言,这些语言明明上不了台面,个别同学却认为,生活就是这样啊,谁骂谁很正常,谁就像什么一样丑和笨。亲爱的同学,你把粗俗当成了生活味,那是大错特错。污染性的语言像生活里的有毒物质,会毒害我们的身心。真正的高手即使骂人也是优雅的、有趣的。请看这段文字:

只见人家泥人张听赛没听,左手伸到桌子下边,打鞋底抠下一块泥巴。右手依然端杯饮酒,眼睛也只瞅着桌上的酒菜,这左手便摆弄起这团泥巴来,几个手指飞快捏弄,比变戏法的刘秃子还灵巧。海张五那边还在不停地找乐子,泥人张这边肯定把那些话在他手里这团泥上全找回来了。随后手一停,他把这泥团往桌子"叭"地一戳,起身去柜台结账。

(选自冯骥才《泥人张》)

泥人张对付海张五,那叫一个爽!他捏人的泥巴,还是鞋底抠的。他捏出的海张五,不是往桌上放,而是"一戳"。

当然,以上几种对语言的要求并不是孤立的,它们互相融合、互相渗透。只要同学们多多积累,向生活向书本学习;勤于消化,多诵读,多练习,一定能慢慢培养出语感,写出美美的有味道的语言。

以物象为载体，写出真挚情感

"物象"之说始见于《易传》。"子曰：'书不尽言，言不尽意。'然则圣人之意，其不可见乎？子曰：'圣人立象以尽意……'"也就是说，圣人也喜欢用物象来表情达意。"凡物色之感于外，与喜怒哀乐之动于中者，两相薄而发为歌咏。"（纪昀《清艳堂诗序》）文学创作往往是内在情感与外在物象的契合。史铁生借助合欢树，表达了自己又愧疚又悲痛的思念。琦君用一个发髻，表现了母亲和姨娘的恩怨，感叹了多味的人生。当列夫·托尔斯泰看见一株被车压掉的牛蒡依然挺立，他酝酿的哈吉·穆拉特的形象就找到了承载之物。合欢树、髻、牛蒡就是物象。说得通俗一点，物象就是某样东西，它可以衬托人物，可以承载情感，可以贯穿全文，可以揭示主旨。

同学们写作文，情感往往找不到依托点或凝聚物，而物象的运用，能使结构更加紧凑，形象更加生动，意蕴更加丰厚，从而使情有所依，使文章有看头。下面且让我选取五种类型的物象，结合我学生的作文来说说。

1.物件类

在成长过程中，总有一些物件记录了生命的足迹，承载着我们的悲欢离合。抓住这些带给我们成长记忆的物件，也就记住了生命过往中美好的人和事。

学生例文

童年的三轮车

严子涵

童年是风，吹来朵朵白云；童年是云，化作新春的雨；童年是雨，滋润初生的花；童年是花，伴我朝看彩霞……在我的童年中，我印象最深刻的就是爷爷的那辆三轮车了。

爷爷的三轮车上有一只"小黄鸭",每天都会"嘎,嘎,嘎"地叫。爷爷那辆三轮车没有特别的华丽,只是一辆普通的三轮车。它能为我遮风挡雨,我觉得它比汽车都好。

在上幼儿园的时候,由于妈妈工作繁忙,一直都是由爷爷来接送我。小时候,我特别爱哭,特别是在刚刚起床的时候,总想要赖在床上。但后来,爷爷似乎抓住了我的软肋,每天早上在三轮车上按下"小黄鸭",我就知道爷爷要带我去上学了,于是我狼吞虎咽地吃下爷爷为我烧的早饭,嘴里含着一口鸡蛋,就跑到了门口。爷爷把我抱到了车子里,跟着"小黄鸭"嘎嘎嘎的叫声,我们出发了。

赶往学校的路上,我总喜欢偷偷地从路边摘下一根狗尾草,悄悄地去挠爷爷的鼻子。爷爷立刻打了个喷嚏,我却坐在车后沾沾自喜,爷爷冲着我浅浅地笑了笑。有时候,爷爷也会跟我讲故事,爷爷的故事好长好长,好像永远也讲不完。爷爷在路上一直讲《牛郎织女》,每当讲到最关键的时候,"小黄鸭"就会叫起来,我探出头,爷爷抱我下了车,说:"要是你今天得到了小红花,我就给你讲牛郎跟织女最后怎么样了,好不好?"但小红花已经贴满墙壁了,我还是不知道牛郎跟织女后来到底怎么了。因为爷爷第二天又从头开始讲,搞得我现在都会背了——"从前,有一个少年……"

我最喜欢周末了,每到这个时候,爷爷奶奶总会骑着三轮车带我到小溪边玩。奶奶在前面骑,爷爷在后面推,而我就是小公主,坐着三轮车看四周的美景。旁边的人投来了美慕的眼神,这时我总会把头抬得高高的,露出灿烂的笑容,真像个高傲的小公主。当时我的心情总会美美的。出去玩时,爷爷总会从路边摘一朵小花戴在我的头上,那时我又成了一个美丽的小姑娘了。我最喜欢的就是小溪边的石头路了,每次到那儿我都会兴奋地尖叫起来,在那儿骑车就像在游乐园里玩青蛙跳跳跳一样刺激,每当爷爷说"坐稳了",我都会拉紧爷爷的手,生怕自己掉下去,而被我拉紧手的爷爷却会在一旁说:"你这个胆小鬼!"听到这句话我立刻嘟起了嘴巴,放开爷爷的手,又着手说道:"我才不是胆小鬼!"此时,爷爷总会开怀大笑,而我憋不过一秒,跟着爷爷也笑了起来,笑声一直传向远方……

时间过得飞快,转眼间,我长大了,爷爷的腿脚也不灵便了,再也没有爷爷在三轮车上逗我笑,给我讲故事的那些情景了。

童年的那辆三轮车成了我和爷爷之间的美好回忆。它似轻烟被微风吹散，又如薄雾被初阳蒸融。那一段多姿多彩的岁月，在细细品味中，变成了我心中永恒的回忆。

童年是每个人的天堂。这篇文章以三轮车为物象，写出了爷爷对我的宠爱。"爷爷在路上一直讲《牛郎织女》，每当讲到最关键的时候，'小黄鸭'就会叫起来，我探出头，爷爷抱我下了车，说：'要是你今天得到了小红花，我就给你讲牛郎跟织女最后怎么样了，好不好？'但小红花已经贴满墙壁了，我还是不知道牛郎跟织女后来到底怎么了。因为爷爷第二天又从头开始讲，搞得我现在都会背了——'从前，有一个少年……'"每次读到这里，我都会忍俊不禁。作者用三轮车串起了童年的点滴。它不仅是独特的接送车，更是爷爷爱的凝聚，是作者温馨的童年时光。

学生例文

毛衣情结

梁静怡

在明如镜、清如水的秋天里，我应当是快乐的。

——张爱玲

那一件件的毛衣，是我一生的珍藏，是奶奶年轻的模样……

小时候，我住在乡下的奶奶家。在那时的印象中，奶奶是个很厉害的人。上天入地，无所不能。奶奶还烧得一手好饭，跳得一曲好舞，尤其织得一件好毛衣。

爷爷和奶奶年轻时在云南保山做生意，他们卖毛线。就在去年，我去了那个他们曾经拼搏过的地方。"东阳毛线"这四个大字仍然亮晃晃地在我眼前闪烁。时光仿佛倒回到了二十几年前，在被毛线塞满的几平米的小屋里，一位年轻的女子正喝着热开水，织着毛衣，时不时笑容满面地朝街上看。

后来，爸爸和大伯都长大了，有了自己的事业，爷爷奶奶也便回到了东阳。不久，我出生了。

奶奶又拿起了熟悉的棒针和五颜六色的毛线团。天气好的时候,奶奶便端个小凳子,坐在家门口,晒着暖暖的太阳,手指灵活地在毛线与棒针之间穿梭。手指上那层层皱起的皮肤似乎不复存在,仿佛那双巧手变得白皙修长,回到了那个花季的妙龄时代。就算是在糟糕的下雨天,奶奶也依然会端坐在门前,时而和邻居聊聊家常,时而和路过的人们打打招呼,大家总是称赞奶奶能干、贤惠,美慕爷爷能有个这么好的妻子。奶奶这时总会乐开了花,笑着说道:"行,回头也给你织件毛衣!"

我也自豪,自豪能有个这样全能的奶奶,尤其是能织好看又舒服的毛衣。记得有一年,那天的天气稍稍有点转凉,我便嚷着吵着要穿奶奶织的毛衣。一穿上,我便蹦着跳着跑出去找小伙伴玩,我想:穿上这件衣服多风光啊,他们一定都没有这么漂亮的衣服吧!然而,让我没有想到的是,我中暑了。当时的自己多么傻啊,当大家都穿着短袖用怪异的眼光看着我时,我竟理解为是美慕。

时间太瘦,指间太宽。我长大了。门前的小树苗不再需要我们的保护,我在奶奶面前不再只是"哇哇"大哭,只有奶奶,仍然是那明媚的笑脸,那闪烁的目光,那灵巧的双手……

终于有一天,我厌倦了毛衣。记得那是件墨绿色的毛衣。当奶奶又兴高采烈地把头天刚织好的毛衣拿来时,我似乎变了个人似的,拿到手就漫不经心地把它丢弃在一边。妈妈在下午来看过我,给我带来了一件新买的衣服。那是一条白纱裙,美丽典雅,犹如高贵的雅典娜。一看到这条裙子,我便爱上了它。妈妈一走,我就偷偷地在房间里换上了这条裙子,一边转圈,一边沾沾自喜。看着镜子前的自己,就好似看见了湛蓝湖水中的白天鹅。

以后的几天里,我一直穿着这条裙子,恨不得睡觉都把它穿在身上。奶奶看着这样的我,既欣喜,又难过,但是,她什么都没说。

不久,奶奶又织了件新毛衣。那是纯白色的。与以往的不同,这毛衣更长,奶奶还配了条纯白色的毛裤。"宝贝,你看奶奶给你织的毛衣裤,好看不? 你把这条裙子换下来吧,别着凉了。奶奶这是照着裙子织的,肯定漂亮!""我不要! 我不要!"我别过头去,大声嚷着,两手把那条白纱裙抓得死死的……

那个秋天,可能是突然不穿毛衣的原因吧,我生了不少次病,去了不少次医院。奶奶为了我,又织了好几件毛衣,一件比一件时尚。

如今，奶奶和奶奶的毛衣就像一坛农家米酒，被地窖藏了。偶尔打开闻一闻，满肺腑的全是醇香。

奶奶对孙女的爱会有很多表达，如果我们什么都写，会显得杂乱无章。梁静怡同学抓取毛衣这个物象，使奶奶的爱找到了一个集中的表达点。一开始，"我"嚷着要穿奶奶织的毛衣。后来，"我"追求更时尚的白纱裙，厌倦了毛衣。也因为不穿毛衣生病了，这更让奶奶心疼。文章表面上似乎在写"我"对待毛衣迥然不同的态度，其实是在写一位心灵手巧的老人对孙女的殷殷之爱。

2.草木类

张九龄诗云："草木有本心，何求美人折。"花草树木有自己的品性，并不奢望人类认同。但每一种花草都有生命，都可以凝聚我们的情感。把草木赋予情感，草木就有了另外的使命。

学生例文

种一片太阳花

李 薇

妈妈的头疼病又犯了，那病是因为我得的。好长时间了，一直没见好转，总是时不时地重犯。

三年前，身体一向虚弱的我不幸生了一场大病。医生告诉妈妈，必须做手术治疗，而且费用不少。为了我的生命与健康，妈妈毅然接受了医生的建议，决定无论花多少钱，也要给我做手术。

可是，一笔笔的医药费、手术费、营养费，着实让妈妈犯难了。于是，她忙着找朋友、亲戚借钱，跑了一趟又一趟，有时还要遭人家的白眼。但她都默默地忍受了，毫无怨言，只是一心盼着我尽快好起来。

妈妈为了筹钱没日没夜地工作、加班，有时甚至通宵不眠。我劝妈妈休息一下，可她总是强撑着，微笑着对我说："妈妈不累。"妈妈，您以为能骗得了我吗？您那苍白的脸色，那劳累的神情，早已出卖了您那颗操劳的饱经忧患的心，写满了辛酸和泪水。

我爱看书，妈妈常给我带些书来。每次睁开眼，迎接我的总是妈妈那慈爱无私的目光，看到的总是妈妈那张疲惫而苍白的脸。还有，就是她勉强绽放的笑容。护士阿姨告诉我，我睡着时，妈妈常常站在我的病床边，抚摸着我的脸，默默地流泪。她是在为女儿的病情担忧，是在心疼遭受疾病摧残的女儿，妈妈的心在经受着怎样的煎熬呀。

手术那天，妈妈在手术室外心神不宁，默默地焦急等待，为我祈祷。我躺在手术台上，恍惚中看到了手术室外焦急等待的妈妈，听到了妈妈那温柔急切的呼唤……

也许，正是妈妈这伟大而无私的爱感动了上天，我的手术做得非常成功。不久，我就康复出院回到了家中。妈妈却因此患上了头疼病，有时在半夜疼得从睡梦中惊醒，再也无法入睡。

一天，我无意中从一本书上看到这样一则信息：太阳花的花瓣可以治疗头部疼痛，而且效果十分显著。我欣喜若狂，立刻把这个好消息告诉了妈妈。

春天，种花的时节到了，我悄悄地为妈妈撒下了几颗四处寻觅来的太阳花种子，像妈妈照顾我一般精心侍弄它们，希望不久后，它们能开出灿烂的花朵，产生奇效，将妈妈的头疼病治好。我相信，有了太阳花的花瓣，更因为我对妈妈的爱，这个心愿一定能够实现！

种一片太阳花，让它们对着太阳微笑，接受太阳的爱，茁壮地成长！

传说雏鸟长大后，会四处衔食喂母鸟，以此报答母鸟的养育之恩，这就是我们常说的"反哺"。而在人类社会，人们往往歌颂母爱的无私和伟大，却忽视了子女对父母的反哺之情。殊不知，学会反哺，善于反哺，是一种很美好的情感，需要我们在生活中去用心培养。李薇同学为妈妈种一片太阳花，就是表达反哺之情的一种绝好方式。

文章以太阳花为物象，使原本寻常的故事一下子出彩，增添了感人的韵味。不管这太阳花对治病有没有奇效，它体现了女儿对妈妈养育之恩的一种回报。对妈妈而言，它的效用无异于灵丹妙药。

高原上的雪莲

吴昕宇

这里的夜很长,很静。漫天的星星格外耀眼,一闪一闪的,一抬头,仿佛自己正置身于星空。

她一动不动地站立着,眼神中透出一种坚定。这已经是她待在这里的第五个年头了。几颗星星从天空滑落,也将她的思绪带到了五年前。

那一年,她刚满十八岁,如愿考取了理想的大学。可她却做出了一个令所有人都意外的决定。

她要当兵。

这当然遭到了全家人的反对,可她不管。她顺利地通过了一项又一项严格的检查,终于收到了鲜红的入伍通知书。在那年的秋天,她剪了一头利落的短发,带着不多的行李,坐上了开往营区的车。

三个月的炼狱般的生活,她熬过来了,硬是没掉一滴泪。可当调令下达时,她的泪如同潮水一般涌出。

她没有被分配到她向往的作战连队,而被调到了西藏的某个边防连。

虽然不情愿,但她是军人,她服从命令。

第一天,剧烈的高原反应就开始折磨她,她头疼欲裂,呕吐不止。天慢慢黑了,星星渐渐登上舞台,情况终于有了好转。她无力地靠在床边,泪,悄然滑落。

她曾无数次想象自己穿上军装的样子,帅气地扛着枪,在训练场上挥洒汗水,让生命在血与火的历练下得到升华。

可现在的她,却这般狼狈。

几天了,在战友们的精心照顾下,她终于适应了环境。可枯燥的工作又让她心烦意乱。今天复制着昨天,明天又复制着今天。一班哨是两个小时,这两个小时是何等漫长。

她开始想家了,却只能通过信件与家人联系,一种与世隔绝的孤寂重重地压在她的心头,让她喘不过气来。

她开始在夜间仰望星空，将它们想象成家人的眼，想象成城市里炫丽的灯火。

那一夜，她也这样坐在窗前发呆，一双温暖的手悄悄搭在她的肩头，为她披上一件军大衣，原来是班长。

那天，她俩都没睡，班长告诉她，她已经在这里守了七年了，就要走了。她刚来的时候和她一样，受不了枯燥的工作，受不了与世隔绝的孤独。直到有一天，她在巡逻时看见一朵盛放的雪莲。是那般洁白，那般美丽。雪莲无法选择自己生活的环境，却还愿意那样灿烂地生活，那她为什么不可以呢？从那天起，她变了，用积极的心态去面对一切。一年，两年……她已不舍离去。

她明白了，她答应班长会像雪莲一样活着。班长笑了，她也笑了，这是她第一次在这里露出笑容。

如今的她，早已成长为雪域圣地上的一朵雪莲。她想，她会一直这样灿烂地生活下去，像雪莲花一样。

文中的主人公向往去作战连队，却被调到了西藏的某个边防连。枯燥的工作和与世隔绝的孤寂让她喘不过气。是雪莲，拯救了她的灵魂。她答应班长会像雪莲一样活着。她，真的活成了雪域圣地上的一朵雪莲。雪莲这一物象承载了坚韧坚守的品性，它唤醒了主人公，也警醒着习惯逃避的我们。

3.动物类

我们的生活离不开动物相伴。动物与我们的生命产生交集，我们会从中得到启迪受到教育，或产生思念悲喜之情。但我们要写的不是动物本身，而是背后的故事或情感。

学生例文

外婆的爱情
蔡远峥

外公说，外婆就是他的燕子，叽叽喳喳，活泼可爱，带给他幸福和快乐。

外婆，一个看上去白发苍苍，手无缚鸡之力的老人，实际上却是个内力深厚，有着排山倒海之势的高手，寻常她只使大喇叭一技，就让外公乖乖地听命于她，她说往东，外公绝不敢往西。

外公，一个看上去短小精瘦，软弱无力的老人，实际上他是少林"金钟罩"的高人，对外婆呱啦呱啦的大嗓门永远如定海神针般波澜不惊，但他讷于言而敏于行，对外婆的命令即使上刀山下火海也在所不辞。

一个原是风平浪静的午后，窗外的阳光温和地照在阳台上，我和外公正饶有趣味地喝茶。突然，传来了一阵惊天动地的擂门声，我一个惊吓，端着的茶已经大半杯洒在了地上，外公叫了声："不好，老太婆回来了，我去开门！"说时迟，那时快，没等我反应过来，外公已撑起九十岁的老腰飞一般地向门跑去。门开了，八十岁的外婆还是吼了起来："你个老不死的，开个门也这样慢，想把我关在门外啊……"

外公对这样的场面并不惊慌，而是笑眯眯地运起了"金钟罩"神功，对外婆的吼叫、怒骂照单全收。不一会儿，外婆鸣金收兵了，我才缓过神来，窗外的燕子依旧悠闲欢快地在树上飞来飞去……

当然，外婆对外公也有不一样的时候。

一个寒冷的冬天，天阴沉沉的。一向硬朗的外公生病住院，外婆不顾八十岁的高龄冲在第一线赶去照料。她收起了"狮吼功"，换成了轻柔婉转的"鸟鸣"。她为外公洗脸擦身，端水喂饭，接屎倒尿，一天到晚陪护在身边。妈妈、舅舅强烈要求外婆撤离"前线"，她坚决不肯，红着眼睛坚定地说："老头子病不好，我不回家。"周围的人都被外婆的言行感动了，此时窗外天空的阴霾也渐渐散去……

不久，外公的身体好起来了，他俩的生活又恢复了往日的情趣。

曾有一次，我忍不住问外公："外婆是爱你的，你为什么这样怕她呀？"外公捋了捋稀疏的白发，严肃而认真地对我说："嘘，我只是让让她！"

听妈妈说，外公和外婆当初是经人介绍认识的，见面三天后就由父母做主结婚了。也许当时他们根本就不知道谈情说爱，但他们已共同走过整整六十年了。无需华丽的言语，无需哗众取宠的行为，他们只有不离不弃，平实而坚定。如果说，外婆是燕子，外公就是天空。谁能说这不是人间最真最美的爱呢？

夕阳西下，落日的余晖就这样温暖地照在两位老人身上，他们手挽着手静静地在散步，天空中，一对燕子那么自由、那么欢快地在飞翔……

文章写的是外婆的爱情,却以燕子为物象串起全文。外婆的嗓门大得惊人,又爱絮絮叨叨。外公对外婆的命令即使上刀山下火海也在所不辞。当外公生病住院,外婆收起了"狮吼功",换成了轻柔婉转的"鸟鸣"。燕子的多次出现,增强了文章的趣味性。爱,没有模式。就像燕子,只要有容纳它的天空,它和天空都是快乐的。

学生例文

和"甲骨文"相伴的日子

汤雨笛

我天生就是一个对动物有感应的人,小猫小狗到我手里总是特别听话,而我也是个爱动物的孩子,特别希望能得到一只属于自己的宠物。

九岁那年,我把这个想法告诉了爸爸妈妈。

"等你生日那天,我们就送你一只宠物。"

于是我日日夜夜盼着等着,扳起指头数了又数,终于,我的生日到了。

一家三口走遍了大街小巷,也未能买到一只令人满意的宠物。笼里的猫猫狗狗,不是要价高得令我们瞠目结舌,就是凶得让人难以接近……

"不如去买一只乌龟吧,你看,那里就有一个菜市场。"爸爸忽然指着不远处提议道。我失落的心突然又燃起了烈焰。

满盆巴西龟,层层叠叠地堆积着,黑压压的一片,我蹲下来仔仔细细看着,忽然注意到一只脖子伸得老长,圆润的龟壳上有一条淡淡橙色条纹的乌龟,于是马上把它选回了家。

是宠物,总得起个像样的名字,哪怕只是一只巴掌大的乌龟。思来想去,想了很多,也否定了很多,就是取不出一个跟这乌龟能相配的好名字,于是向爸爸妈妈征集意见。

"叫'甲骨文'吧,古代的人都在龟甲兽骨上写字,写出来的字就叫甲骨文。"爸爸提议说。"嗯,这名字好。"妈妈附和着,我觉得还挺有意思的,便也没再多说,"甲骨文"的名字就这样确定了下来。

在街上总能看到别人遛狗遛猫的,我便想试试遛龟。于是,爸爸把我平时用来装沙子的玩具小车搬了出来,在车头前系上一根绳子,把"甲骨文"放了进去。嘿!不大不小,正适合,好像本来就是为它准备的一样。往后的日子里便经常看到有一个小女孩拉着一辆上面卧着乌龟的小车,穿梭在小区的道路间。

搬了新家,换了一个大鱼缸,也买了些小鲤鱼和乌龟混养在一起,本以为"甲骨文"会趁我们不注意时偷吃掉一些,却没料几个月下来,小鲤鱼一条也没少,听话的"甲骨文"总是吃完了我们扔给它的虾米后,安安静静地靠在角落,还不时抬起头望着鱼缸外的天空出神。

有一次我和妈妈抬着鱼缸到阳台换水,不料屋檐角竟掉下一条蜈蚣,不偏不倚地落进鱼缸里,鱼儿们惊得四处逃窜,我和妈妈也着急地拿起渔网去捞这个手指般粗的入侵者,而这只蜈蚣却潜下了水,四处躲闪着渔网。这时一直在角落暗暗观察的"甲骨文"摆动身子飞快地游过来,猛一伸颈,就把蜈蚣吃掉了。我们惊讶地望着"甲骨文",而它却摇摆着身子得意扬扬地潜回角落。

这只乖巧的巴西龟就这样陪伴着我读完小学。那年暑假,爸爸叫人用石块在一楼阳台底下堆砌了一个更大的露天鱼池,把所有的水生动物都养在了里面,包括"甲骨文"。

"甲骨文"出事的那天,是一个漆黑的夜晚,天下着倾盆大雨,除了雨声,出奇的安静。

雨越下越大,仿佛想把天池里的水,一夜间都洒向人间。

道路转弯处,一辆汽车飞似的冲过来,车灯一晃而过,伴随着一声骨骼断裂的响声。血,满地的鲜血,把暗夜照亮得如同白昼!

"甲骨文"爬出鱼池被车轧死的事,我到第二天傍晚喂虾米时才从爸爸妈妈口中得知。它死了,连遗体都没有见到,只看见道路的石缝中夹着一丝丝血迹。

我哭了。爸爸妈妈似乎比我更难过。

某日,我突然看到这句话:比你更悲伤的不是你,是最疼爱你的人。

瞬间感动。往事如过电影。一切只剩下回忆,以及回忆里满满的爱。

谁的童年没有养过宠物呢？此文看起来是在写一只普通的巴西龟，其实作者要呈现的是回忆里满满的爱。爸爸妈妈陪"我"走遍大街小巷，一起帮"我"给乌龟取名字，爸爸找出玩具小车给"我"遛乌龟，一起陪着"我"为乌龟难过……生命里，有这样的两个人，总是会通过一点一滴的小细节让我们感动。想写的很多很多，那么，就以小宠物为"媒人"吧，把我们的情感嫁接好，给我们寻常的日子留下不寻常的回忆。

4.美食类

人生如美食，美食如人生。我们不可辜负小小的胃，亦不可辜负短短的人生。其实，对于食物而言，我们享受的不仅仅是味道，更有藏在味道里的情感，以及美食背后的回忆。

学生例文

记忆里的甜蜜

楼雨佳

婉转的吆喝声终于消失在街角，我却在梦中痴痴守候那份甜蜜。

——题记

犹记得，那个矮小的身影，忙碌却依然娴熟的动作，无数次让我在梦里，品味出甜蜜。

街角的梧桐树下，每天都有那个胖胖的阿姨和她装饰精致的小车，迎接着每一个放学回家的小朋友，用甜甜的奶油味，勾出他们身子里的馋虫。

那时候的我还在上幼儿园，还过着没有作业没有烦恼的日子。

放学的时候，来接我的一定是爷爷。他总是先接过其实并不沉重的书包，用他温暖厚实的大手握住我稚嫩的小手，在落日的余晖里，一起向那个街角走去。

"快来尝尝哟！好吃的奶油蛋糕！"胖阿姨又在用她甜甜的嗓音招徕顾客，甜甜的奶油像一双神奇的手把我拉住。

我对好吃的东西是毫无抵抗力的，老远就直直地盯着那辆可爱的小车，眼前、脑海里全是那一杯杯奶油蛋糕的模样，它们像一个个小精灵，似乎在周围对我说："来呀——来呀——好吃的蛋糕——甜甜的奶油——"于是，我的大脑好像就不受控制似的，脚步朝着那辆小车加速迈去。爷爷知道我又想吃蛋糕了，便很配合地踩着我脚步的拍子，和我一起走向小车。

"阿姨，我要买蛋糕。"我挤进人群朝胖阿姨喊。

"好的，"说着，她转身从塑料箱子里拿出一杯蛋糕，很快地挤上奶油，"来，小朋友，给你。"胖阿姨俯下身子笑着递给我。

我是个心急的孩子。别的小朋友都是用勺子舀起一小勺奶油，再慢慢地送进嘴里。我却是把小嘴埋进奶油里，直接用舌头舔，经常吃得满脸是奶油。

每次爷爷都会被我的吃相逗乐，忍不住笑出声来，却也不打断，任我用自己的方式享受这份甜蜜。

一下子扑进一股浓浓的奶香里。它被瞬间传送至大脑，于是食欲大开。伸出舌头，轻轻触碰那白白的奶油，舌尖上的味蕾就全都活跃了起来。它们贪婪地享受着，这沁人心脾的甜。那份甜蜜，一直顺着神经，又一次一次地震颤，传进我的心里来。

爷爷不时低头看狼吞虎咽的我，伸手给我抹去嘴角鼻尖上的奶油。他的嘴角上扬起一个慈爱的弧度，眼角的鱼尾纹又添了几条，却像是画出了爱的音符。爷爷是偷偷尝过我的奶油蛋糕了吗？竟也笑得这般甜蜜。

夕阳下，一高一矮的两个背影，被时光渐渐拉长影子，熟悉的小车消失在熟悉的街角。紧握的手终于分开，中间隔了一个天堂。舌尖上的那份甜已是久违，只有在梦里，才能被重温。

记忆里香甜的奶油味，胖阿姨甜甜的吆喝声，爷爷那慈爱的笑容，凝固在心室，成为心室壁上，最美的花纹。

总是特别怀恋童年的时光。而美食，是那段时光里最难忘的篇章。街角的梧桐树下，那个胖胖的阿姨和她装饰精致的小车，给了"我"舌尖上的甜蜜。楼雨佳同学以奶油蛋糕为物象，写出了一个甜蜜的小世界：把小嘴埋进奶油里，直接用舌头舔，吃得满脸是奶油。身旁的爷爷似乎比我还甜蜜。他宠溺地看着"我"的吃相，呵呵地乐着;他给"我"抹去嘴角鼻尖上的奶油,呵呵地乐着。文章选取奶油蛋糕这一美食,写出爷爷对孙女的爱,读来令人感动又甜蜜。

学生例文

45度的温牛奶

周靖宸

用加法的方式去爱人,用乘法的方式去感恩。

——题记

上学的日子,总是让人有种淡淡的忧伤。早上听着上课声,下午听着放学声,背上背的是那让人讨厌的一书包作业。

回到家,放下沉沉的书包,揉着被书包压得又酸又痛的肩膀,看着老师布置的作业,我的心情差到了极点。这么多的作业让我不知从何下手,最后我还是选择先做数学试卷。前面的题目都被我轻松解决了,后面的题目越来越难,我不得不让心静下来,试一下这种方法试一下那种方法。当我试了几种方法依然无济于事时,我开始烦躁起来。

这时,房间的门被推开了,我回过头一看是妈妈,又转回头继续解题,并闷闷地问了一声:"干吗?""你做了这么久作业了,要不休息一下吧。"妈妈的声音在我耳边响起。我不耐烦地说:"休息一下,休息一下,那作业什么时候能完成!""要不吃点水果,我帮你洗出来。"我一听,更加不耐烦了:"哎呀,知道了!"听着房门关上,我的思路又回到题目中。

不出两分钟,我的房门又被推开,我转头一看又是妈妈,手里拿着个削好的苹果。"要不再来点牛奶吧!"妈妈把手里的苹果给我。当时有点渴,我点头表示同意。"你要甜一点的还是淡一点的? 还是淡一点吧,白糖吃多了对牙齿不好,我平时就对你说,牛奶对你身体有好处,你就是不听。"妈妈继续唠叨。"哎呀,你烦不烦啊,你自己去泡不就好了,这么啰唆。"我的思路被打断了,对着妈妈大吼大叫。

这时,妈妈没有说话,我听到了门关上的声音。

等我把那道数学题目写好,我才意识到我对妈妈的态度有点差,但又拉不下脸去道歉。我摸了摸被眼镜压得有些酸痛的鼻子,思绪被拉到了半年前……

那时我特别喜欢玩电脑游戏,导致视力一天天地下降。妈妈为我到处求访药方。也不知道谁说每天一杯45度的温牛奶有助于提高视力,还可以提高睡眠质量,妈妈就几乎每天都会给我端上一杯温牛奶。

这时,门又被推开了。我转过头去看,看见桌子上有一杯牛奶。我过去端起它,发现那杯牛奶下面有一张小纸条,上面写着:我知道你嫌我啰唆,但妈妈还是想说,健康最重要。这明明是句再普通不过的话,但不知为什么,好像有东西挡住了我的视线,直到小纸条上多了一滴水,我才发现我不争气地哭了。

窗外,月色皎洁,倾泻一地,就像妈妈泡的温牛奶,温润了我原本烦躁的心。

写亲情,写妈妈的爱,能写的实在很多,怎样能让它既有生活味又能集中表现呢?周靖宸同学选取了温牛奶这一物象。儿子对母亲的关心从先前的厌烦发展到后来的感动,情感的变化点是那杯45度的温牛奶。文章适时插叙了"我"的身体状况,使温牛奶的出现有了温暖人心的力量。温牛奶,既承载了母亲的爱,也承载了儿子的感动。亲情,就是如此,有时,它只是一杯简单的温牛奶。

5.细节类

明朝祝允明曾说:"不知天地间,物物有一种生意,造化之妙,勃如荡如,不可形容也。"世间万物,总能在某一特定境况下与我们的生命、情感相契合。生活中,总有一些细节,会成为我们的情感凝聚物,让我们因此或感动或震撼。

学生例文

脚 印

楼淡如

两行脚印一前一后,一大一小,在雪地里显得很耀眼。

从小,我就爱跟着爸爸四处游玩,没事去爬个山、看个名胜古迹、赏个花。下雪的时候，我还喜欢踩着爸爸的脚印走，大手牵着小手，大脚印包着小脚印。

外面雪下得很大，地上披着一层厚厚的白外套。里面生着火炉，我和爸爸穿着厚厚的外套。小狗懒洋洋地趴在火炉旁和我们一起取暖。

天色已经不早了，我和爸爸去拿放在外面的菜准备做饭。但是爸爸说，外面太冷，地面太滑，不肯让我出去。可是一向贪玩的我，怎么可能放弃和狗狗一起玩雪的机会呢！再说，我和狗狗可是要玩一次史无前例的人狗雪球大战。

于是，等爸爸下楼后，我便与小狗偷偷溜到了外面。由于狗狗自己不能制造"弹药"，于是我就很"好心"地帮狗狗制作了大量的"弹药"。

一场雪球大战就这样拉开了帷幕。可是每次我都扔不到狗狗。谁叫咱家的狗狗是雪地中的能手——雪橇呢！它可是从小和雪一起长大的狗狗呢。

由于小狗没有手，就是做再多的"弹药"也是没用的。两方实力差距不大，很难比出胜负。突然，我听到了雪球扔到东西的声音，一下子大叫起来："我赢了！我赢了！"可是万万没想到，这打中的不是狗狗，而是担心我和狗狗出来找我的爸爸。我知道自己和狗狗要挨骂了。

果不其然。老爸黑着脸，一下子把我拎起来，开始发表他的长篇大论。我听着听着就想睡觉了。爸爸刚准备抱我回去，我却坚持自己走回去。

爸爸在前我在中间，后面还跟着一只耷拉着耳朵的狗狗。这样一个奇怪的组合却还要做一件更滑稽的事。我命令狗狗要踩着我的脚印走，我呢踩着爸爸的脚印走。就这样，原本一两分钟就可以回家的路程，我们却走了四五分钟。

大脚印里包着小脚印，小脚印里包着一只狗狗的脚印。在没有任何脚印的雪地里更加引人注目。

微黄的灯光洒下来，洒在那长长的脚印上，使原本平淡无味的雪也变得柔和，变得温馨。

云朵是天空的脚印，而你是我的脚印。

20世纪伟大的建筑师密斯·凡·德罗在概括他成功的原因时，只说了七个字：魔鬼藏在细节里。写文章亦然。本文以脚印这一物象为细节，写出了雪天的温馨，写出了一家子的温情。可以说，楼淡如抓取的细节特别成功。一开始，文中说："下雪的时候,我还喜欢踩着爸爸的脚印走,大手牵着小手,大脚印包着小脚印。"后来,"我"和小狗去玩雪球大战,爸爸来带我们回家的时候,作者这样写道:"我命令狗狗要踩着我的脚印走,我呢踩着爸爸的脚印走。就这样,原本一两分钟就可以回家的路程,我们却走了四五分钟。"这就是童真童趣,这就是儿时值得期待的下雪天,这就是最美的昨天。

学生例文

左撇子的幸福

王雪畅

幸福的花开在右边,可我是左撇子,所以我抓不住。

——题记

夏蔓绕过邻桌的椅子,坐在了墙壁边的位置上。那个看似极有安全感的位置被窗外筛进来的阳光覆上一层暖色的光晕,和夏蔓一起被泡在这春日的午后。

老实说,夏蔓并不喜欢这个位置,好像是被活生生地分割的地带。可赖在这个位置不肯走的也偏偏是她。

没有人知道那是她为自己的天空精心安装的墨绿色玻璃,美丽却易碎。只因为她是个左撇子。她不想让自己的手在握笔时被人发现,她固执地认为,大家一定会以一种不同的眼光来对待她。

她曾经想自私地把这个秘密放在心底,可这不同于童年的玩具,它藏不了。

同桌不经意地一瞥将夏蔓精心制造的假象撕破,她亲眼看见夏蔓在老师走后把右手的笔握在了左手上。

但若她收回视线,也许一切还是照旧,可她偏偏注视着夏蔓的左手,然后就那么石化了。

夏蔓注意到有奇异的眼光,抬头正好对上了她的眼,她感觉到正有某种冰冷的东西把她的思绪冻结住了。她感觉到午后温热的阳光在她脸上漫开,一直延续到耳后根。

邻桌的女生笑笑,她看出夏蔓眼中的窘迫和慌神,低头专注于作业。

脸上的温热迟迟没有散去,反而更加猖狂地蔓延。手心上渗出一层细密的水渍,然后汇成一滴小小的水珠,冰凉冰凉的。

一个人的秘密是秘密,两个人的秘密便不是秘密。夏蔓认为自己特意装扮的幸福被邻桌撕得面目全无。

夏蔓认为用右手写字便是幸福,她的幸福很简单,她曾真诚地请求上帝,让她某天醒来能完全依赖于右手,她认为自己并不贪心。

邻桌女生碰碰夏蔓的手肘然后微笑,这微笑让夏蔓想起某本书里的一句话:我对你使劲眨眼睛,希望把你的一切像照片一样放在我心底的最深处,可是你的笑太灿烂了,它们通通都被曝了光。就像眼前的微笑一样。

女生把右手的笔握在了左手,在白纸上写下秀气的字:没什么好担心的,当左撇子其实很幸福,因为,我也是左撇子。

夏蔓听见所有花正铺天盖地地绽放,满足得装不下。有什么正以坚定的决心破土而出。

夏蔓离开了那个墙边的位置,并坦然地用左手写字。她感谢那个女孩在三月的午后教会自己幸福,没有任何掩饰的幸福。

幸福的花开在右边,我是左撇子,可是,我抓住了幸福。

文中的夏蔓觉得自己离幸福远远的。因为她是左撇子。她不想让自己的手在握笔时被人发现,她精心地制造假象,想让别人认可她。可是,她特意装扮的幸福被邻桌女生撕得面目全无。然而,她万万没想到,邻桌女生也是一个左撇子。文章选左撇子这一细节作为物象,写出了青春期女孩的友谊和敏感的心。她们渴望得到归属感和幸福,却不知道如何面对自身小小的与众不同。

当然,物象不止以上几种,同学们可在作文实践中多多思考、多多摸索。值得注意的是,无论用什么类型的物象,物象和情感都要有自然地交集。也就是说,在运用物象时,物象要为人物服务,要和文中的人、事或主旨契合。

排兵布阵,让文章层次分明

　　沙场讲究排兵布阵,一个好的稳固的阵形,能在战斗力等同的状况下获得胜利;盖房子需要搭建扎实的大梁,倘若大梁不稳固,图纸再美,房子也不牢固;种丝瓜、苦瓜,需要搭好攀爬的架子,有了它们,丝瓜、苦瓜才能生长得郁郁葱葱,结出丰硕的果实。我们写文章也一样。如果我们的文章有稳固的阵形、扎实的大梁、攀爬的架子,那么,就能读起来思路清晰,层次分明。

　　日本作家小林多喜二说:"正如结构二字的字面含义是盖房子一样,不管你的目的多么高尚,材料多么优良,如果盖得不好,摇摇晃晃,结果是毫无用场。"我们要给文章排兵布阵,就是搭一个牢固的框架。同学们在审好题目、确定好中心后,就可以给文章一个大致的思路。记叙文的排兵布阵一般可以安排三四个层次,可以是时间的推进、情感的铺陈、人物的转换、地点的转移等。文章的前后要做好衔接,使整篇文章既层次分明又浑然一体。

一、时间的推进

　　时间的推进就是以时间为主线,将文章分出层次。时间可以是虚的,也可以是实的。前者是一个大致的笼统的时间,后者是具体到几岁或者说几几年。这句带统领作用的句子可以单独作为一段,放在每个层次的前面。

学生例文

记忆里的甜蜜

卢张翔

　　在我的房间里,有一个大大的储藏柜,里面放着的,全是我从小到大最甜蜜的场景,它们用积木玩具一一再现,我每次看感觉都不一样。

小时候，甜蜜是一块小小的奶糖。

在我换牙前，我不知道世界上还有这么一种包装鲜艳的食品——糖，我的生活只限于一天一个的豆沙面包。

那天跟父母外出拍公司画册，我遇见了当时的封面模特——一位俄国的模特，高个子，大眼睛，一头金发在灯光下闪闪发亮。那时我小，回程时因车里坐不下，被安置在模特的膝盖上。我被模特抱着，一直乖乖地没有乱动。下车时，金发模特微笑着往我口袋里塞了两把东西。当时我不清楚是什么。回家后一看，里面全是糖。除了品牌不同，全是清一色的奶糖，口味超纯。我后来想起来依然觉得甜蜜。那时的我就这样贪吃奶糖，甜掉了牙。

长大后，甜蜜是一本厚厚的童话。

上小学后，我最喜欢做的事情就是捧一本童话，一个人在天台上静静地看书，伴着夕阳的余晖。太阳落山，我也吃晚饭了。

当时不知怎么的，特别喜欢看书，以致视力一点一点差下去。每个星期我都会全力赶作业，期待写完后可以去逛书城，逛一下午。坐在地面上看书，冰凉的感觉一层一层透上来。不过，坐一会儿便习惯了。一个下午我便可以读完一本，再买几本回家看，一个星期就这么过去了。我的阅读量就这样悄然上升，超过了同龄人，于是我愈加喜欢读书了。阅读，让我甜透了心。

后来啊，甜蜜是一副长长的对联。

小学五年级，我从广州回东阳读书。一回东阳，老师就说我字写不好，老爸二话不说把我送到郑老师那儿学书法。我一学书法就迷上了，开始认真地练字。几年后，我不练书法许久，一看见宣纸，还是忍不住想去写几个字。

言归正传，在学了半年后，我参加书法考级要交一幅作品，老师想了一会儿，决定让我写一副对联。翻箱倒柜之后，终于找到了颜体对联，由于只有我一个考级的，每次老师都重点训练，经常不休息，我也不好意思逃脱。于是，经常有人下课后发现郑老师仍在单独辅导我。

功夫不负有心人，我成功地考出了Ｂ级。考后我拍了照留念，背后对联那黑黑的墨汁像蜂蜜般在我心中扩散，让我甜到沉醉。

而昨日，甜蜜是一张方方的录取通知书。

六年级我再没去练书法,专心地备考某校。尽管如此,我的成绩仍不稳定,属于前十常有、偶尔倒数型,一不小心落马了,就挽回不了了,这导致进考场前一分钟的我仍没底。结束时,我忐忑不安地交了卷,离开考场,迷迷糊糊地上了车。回到家,心里仍残留着考试的紧张,忍不住拿起手机,拨给同学想询问考卷难易情况,可惜打了几个电话都没人接。我只好一个人想着,直至上床睡下。

几天后,老爸打了个电话给副校长。于是,我得知我已在那长长的录取名单中,伴随而来的还有一伙三年的同学。那张录取通知书像蜜汁冷却后做出来的纸糖一般,甜蜜得让人无法形容!

人的梦想在变成目标后,一定可以在努力后达成。同时,目标壮大,希望与信心增加,就更有勇气冲击下一个困难,获取成功的甜蜜,埋下记忆的种子。到后来,再回首,摘下果实,品尝什么叫真正的甜到心里。

这篇文章的题目是"记忆里的甜蜜",作者记叙了成长过程中的甜蜜小故事,告诉读者一个个梦想达成后,内心是最甜蜜的。文章借用余光中先生的诗歌《乡愁》的时间处理,把文章用"小时候,甜蜜是一块小小的奶糖""长大后,甜蜜是一本厚厚的童话""后来啊,甜蜜是一副长长的对联""而昨日,甜蜜是一张方方的录取通知书"串联成珠,读来层次分明。

二、人物的转换

有时我们写的不仅仅是一个人物,就需要做好人物的转换。一般情况下,可以选择围绕主题写三个人物。人物转换不好,容易给人生硬不自然的感觉。在此,我们不妨尝试用数字隔开,再将统领性的句子写在每一部分的开头或者结尾。

学生例文

生活的颜色

石 舸

我爱我家,更爱我的家人们给我带来五彩缤纷的颜色,让我的世界无比绚烂。

一

外婆对我很好,她总会带给我一种暖暖的感觉,让我觉得温馨与舒坦,正如那柔情的紫色,让我感觉自己是全世界最幸福的外孙女。

我的妈妈是个大忙人,有许多会议要开,爸爸也挺忙的,有时候两人会在同一天有会,那么我便有家也无法回了。外婆家的大门总是向我敞开,我会在外婆家住上一晚。

外婆特别爱干净,总希望家中一尘不染。这不,外婆已经把我的床铺收拾好了,干净又整洁,还有一丝淡淡的香味儿,这就是温暖的味道吧,甜丝丝的。看着这儿的洁净,我的心被一股紫色的暖流包围着,心像吃了蜜糖般的甜。

外婆对我的饮食同样很关心,总会问我想要吃什么或是怎么烧。

从一年级起,外婆就承担起每天给我送饭的活儿,一做就是六年。说起来,我真的是很过意不去的,为了让我不吃腻,外婆总会变戏法似的开创出许多新花样,什么啤酒鸡翅啦,糖醋排骨啦,这些可都是我外婆的拿手好菜呢!

每餐中饭我都吃得香喷喷的,小肚子也就跟着圆鼓鼓起来了!

外婆正如那温馨的紫色,伴我幸福地成长……

二

外公爱耍小个性,对我的要求十分严格,带给我的是一种火火的大红色。你看,战斗就是这样拉开序幕的——

我放学后回到家,肚子饿得扁扁的,顺手拿起了一包零食,大口大口地咀嚼着。外公一见,就说:"小豆,马上就要吃饭了,怎么还在吃零食啊!还有,注意一下你的吃相,别吃得像个男孩子,你应该斯文一些!"我皱了皱眉,极不情愿地把包装袋封好,气鼓鼓地坐着。唉,谁叫他是我外公呢!我忍!

盼星星盼月亮,我终于盼来了饭菜。我急忙夹了一块红烧肉放入嘴中,谁知这肉是滚烫滚烫的,我忙不迭地吐了出来。抬头间,我看见外公的眼睛正直勾勾地盯着我看。一场暴风雨就要来啦!我犹如那勇敢的海燕在心里喊叫:"让暴风雨来得更猛烈些吧!""你这个人怎么讲都讲不听啊……"暴风雨果然来了。我被批得那叫一个落花流水啊!唉,谁叫他是我外公呢!我再忍!

我的晚餐时光大多是在与外公的战斗中度过的,哪天晚餐时没人说我了,我还觉得不习惯呢!

外公正如那大红色,时时充满了战斗力!

三

在单位,爸爸是个积极向上的员工;在我和妈妈面前,他又是好爸爸、好丈夫。爸爸永远给人传达出一种阳光般的橙色。

记得那时妈妈因扁桃体发炎住院,爸爸心急如焚,医生嘱咐妈妈只能喝稀粥,爸爸就每天烧粥给妈妈送去。看到厨房里爸爸的背影,我的心被橙色的暖风包围了,我感受到了爸爸带给妈妈如同阳光一般的爱,橙色,温暖。整个病房的人都羡慕妈妈能有这样一位模范好老公!

爸爸对我更是好得没话说。每天放学,爸爸都会准时在校门口接我回家,无论是刮风还是下雨,那个身影都不会迟到或缺席,他总是陪伴着我成长。

不仅这样,爸爸还是个家务能手呢,洗衣、拖地,他什么都干。爸爸的厨艺也是一流的,炒出来的菜味儿真好!

爸爸正如橙色的阳光,给人温暖的感觉。

谢谢我的家人,谢谢他们用自己特殊的方式来爱着我,用自己的色彩调出我绚烂无比的生活的颜色!

一篇文章里写多个人物,容易显得杂乱无章。此文紧紧围绕题目《生活的颜色》来构思,用一、二、三的形式分成三部分,每部分的最后一句作为该部分的总结语,同时也是全文的结构句。如“外婆正如那温馨的紫色,伴我幸福地成长……”“外公正如那大红色,时时充满了战斗力!”“爸爸正如橙色的阳光,给人温暖的感觉。”值得注意的是,三个人物,三种个性,没有孰好孰坏,他们都在用自己的方式爱着“我”。结尾的点题使三个层次成功着地。

三、情感的铺陈

为表达的需要,我们的情感有时需要铺陈开来,就像水波,一点一点漾开。同学们不妨围绕一个“点”,做“面”上的构思,使思维发散出去。这时的情感,可以是并列式的,更可以是递进式的。这句统领性的句子往往放在该层次的后面。情感的铺陈,会让文章表达更全面,感情更充沛。

学生例文

我愿做你的手

陈思进

当岁月洗尽铅华,当青春不再驻留,密密麻麻的皱纹如流星赶月般在你的手上疯长。每每看到你那历尽沧桑的手,总有一种说不出的滋味在心底蔓延。

深秋的一天,我像往常一样把换洗衣服给你,你轻声说:"这些衣服用洗衣机会洗不好,我手洗吧。"我听了,有些担心地说道:"天气这么冷,用手洗没事么?"你却笑着说:"能有什么事,我小的时候都是用冷水,那时有什么热水啊。"月光下,看着你用冷水洗衣服,看着你那冻得通红的双手,我有些心疼。我愿做你的手,让你不再寒冷。

深冬的一天,天刚蒙蒙亮,我急急忙忙地穿衣、洗漱。正要出门去上学时,衣服上的一个纽扣掉了下来,我让你赶紧把纽扣缝上。慌乱之中,你一不小心刺破了手指,鲜血像小圆珠一样冒了出来,我见状,飞快地拿出创可贴,将血止住。"你怎么这么不小心?"我说。"没事的啦,只是擦破点皮,不用担心。快点把纽扣拿来。等下要迟到了。"我呆呆地望着你,看你缝时的一举一动。我愿做你的手,让你不再痛苦。

初春的一天,看到你用手不停地敲打脖子,我主动说:"你啊,天天坐办公室,面对着电脑,一点也不做运动,现在好了吧,得颈椎病了。我来给你按摩吧。"我走到你身后,轻轻地敲,柔柔地按。突然发现你的头发不再那么乌黑,丝丝缕缕的白发冒了出来,像一道道刺眼的白光。一时间,我思绪万千,你平时做家务,不停地弯腰,积劳成疾,颈椎病随之而来。我愿做你的手,让你不再劳累。

盛夏的一天,我们出去散步,欣赏着郁郁葱葱的树,感受着暖风拂过脸颊。你说你想种树,在家里也能感受大自然的美好。于是我们一起去买了一棵樱花树苗。你说,樱花树很漂亮,看着就让人舒心。我们一起把它种在院子里,每天给它浇水。一天天过去,它长出了枝条。次年春天,它终于开出了花。我看着你那满足的笑容,不禁潸然泪下。我愿做你的手,在你的心底种一片樱花。

亲爱的妈妈,小时候,你是我的手,给我穿衣,喂我吃饭。现在,我愿做你的手,为你承担痛苦,和你分享快乐。

这篇文章用四句话来排兵布阵，"我愿做你的手，让你不再寒冷""我愿做你的手，让你不再痛苦""我愿做你的手，让你不再劳累""我愿做你的手，在你的心底种一片樱花"，作者在情感上一点点地铺陈，把读者的情感也一点点地带进去。最后点出"你"的身份，将四个层次和主题融为一体。

同学们，排兵布阵的几种方法不是孤立地存在，它们可以互相包容。写作前，只要我们确定了每个层次统领的句子，也就是确定了基本的框架，其他的只要填进相应的内容就可以了。这样来处理，不仅能防止偏题，更能让自己胸中有阵形。那么，这场文字的战争，你就是赢家。

千古文章意为高

庄子说:"语之所贵者,意也。"立意是一篇文章的根本,犹如中枢神经,统率全篇,贯穿首尾,制约着材料的取舍、结构的安排,乃至文章的深度。

苏轼在教葛延之写作时就特别强调立意的重要。他说,比如集市上的货物,只有一样东西可以换,那就是钱。容易得到的是物,难以得到的是钱。文章的立意就是金钱,有了它,古今所有东西都能一并收纳,为我所用。只要知道这个道理,你就能写文章了。

立意,是文章的灵魂。同学们在下笔之前,就要做到心中有意。

春风花草香:立意要健康

健康是立意最基本的要求。立意不健康,文章就失去了应有的意义,还会引起读者的反感。文章的立意,应该是积极昂扬的,既与国家倡导的公德一致,又与当前的时代精神一致。我们要歌颂真、善、美,抨击假、恶、丑,绝不能为了标新立异,为消极的不正确的思想提供理解和支持的土壤。从同学们的写作情况来看,完全不正确的立意很少,只有一小部分是有些偏激,或者带点低级情趣。

如果作文出现了这种情况怎么办? 这就需要我们在文章的最后部分扭转,驾驭好文字,使其点石成金。有的同学一旦发现立意有误,就会把前面写的全部划掉,一切从头再来。这种做法对考场作文来讲,是大忌。平时养成这样的习惯,也非常不好。试想,如果我们的自行车打歪了,是连人带车舍弃,还是再打自行车头,让车子重回正确的车道? 答案不言而喻。比如《记忆里的风景》这篇作文,有的同学具体写了自己如何因为妈妈的一句话离家出走,反映青春期自己的倔强与叛逆。这样的立意显然有失偏颇。离家出走并不是什么值得肯定的事情。我们不妨在文章的结尾做出积极的补救,可以处理成这件事带给你教益,震撼了你的心灵,后来你理解了父母,处事不再莽撞。那么,立意就正确了。

学生例文

妈妈生我的日子

徐碧莲

妈妈的话

妈妈说我的出生是超顺利的,没有早产,也没有产后大出血,更加没有难产。一出来就扯嗓大哭,连护士姐姐打我的机会都没给。虽然顺利出生,但是由于妈妈怀孕时营养不足,我刚出生时才三斤八两。

妈妈可吓坏了,我的头还没她拳头大呢!

爸爸的话

爸爸说妈妈生我的时候,刚好才闹完元宵,就是在烟花鞭炮响个不停的时候,妈妈进了产房。

产房外围了一大群人,爸爸就在这一大群人当中踱来踱去。爸爸也试着坐下,可是每每一坐下,烟花声和人群的说话声让爸爸犹如热锅上的蚂蚁,不得不再次起身——继续走。

明明是冬天,但爸爸急出了一身的汗。

奶奶的话

奶奶觉得还是生女儿好,于是便跟妈妈说:不管生男生女都好,最重要的是身体健康。不过你们工作忙,若是生个女儿,我还可以帮上忙,男孩我可就吃不消啰!

妈妈生的果然是女孩,奶奶一听,高兴得不得了,抱过我还心疼地说:"你妈妈怀你的时候吃得不算差呀,你怎么就营养不良了呢? 回去要多给你补补!"

爷爷的话

从医院走到家里,一直是爷爷抱着我回来的,用爷爷的话来讲:"我抱着你的时候感觉什么都没有似的,可低头一看,人还在。那时候啊,连裹着你的被子都比你重呢!"

我的话

我一出生便到了这个充满爱的家庭里。这是一件多么幸运的事啊。虽然出生前营养没跟上,但由于大家的关心,我很快就健康了——我爱这个家。

这篇作文通过一家人的话来展现他们对我的爱。无论哪个小标题的内容,爱都是最核心的词。

笑揽清溪月:立意要鲜活

立意要鲜活,就是不要总搬陈词老调,要和这个时代这个人物相吻合。有的同学,只要写老师,就写老师是蜡烛,燃烧了自己,照亮了别人;只要写奶奶的传家宝,就写奶奶有一件补了又补的衣服;只要写妈妈,就写妈妈很伟大,她满脸皱纹,为了儿女,背驼了、手裂了……

立意鲜活,要避俗求真。老师是蜡烛的立意早已成古董,应该封存进时光的博物馆了。新时代的奶奶,很难有补了又补的衣服。我们的妈妈也不至于如此衰老。生活条件好了,妈妈会更时尚更漂亮,但她对孩子的爱是不会变的,当然也会有这个时代的妈妈爱的方式。

立意鲜活了,作文才能越嚼越有滋味,甚至引发读者情感上、思想上的共鸣。梁静怡同学的《毛衣情结》(见前文)发表于《创作》杂志。她就写了儿时奶奶亲手为"我"织毛衣,引发我童年生活一个个的小故事、小情绪。"奶奶和奶奶的毛衣就像一坛农家米酒,被地窖藏了。偶尔打开闻一闻,满肺腑的全是醇香。"这样的立意读来让人眼前一亮。

学生例文

"松鼠搬家"的记忆

张 力

小时候曾经听过这样一个故事:在树林里住着快乐的松鼠一家。可是有一天,松鼠爸爸和松鼠妈妈吵架了。松鼠爸爸要搬家到北方,而松鼠妈妈要搬家去南方。于是它们问小松鼠,小松鼠哭着说:"我哪儿也不想去,我就想跟你们一起住在这里。"最后,爸爸同意了,妈妈也同意了,但它们要求小松鼠乖乖的,不吵闹,否则它们还要搬家。所以,小松鼠只能乖乖的。这个故事是表哥讲给我听的,原本只以为是个故事，单纯的故事。后来才发现那只小松鼠就是表哥。

表哥小时候的确是乖乖的，他害怕和父母分开。但后来，他的父母，也就是我的姑父和姑妈离婚了，表哥被判给姑妈。他开始叛逆，开始沉默寡言。

后来，有好长一段时间没见着姑妈和表哥了，爸爸说他们搬走了。我开始想表哥，想着他的那个故事。每当我想他时，就会翻出一张张照片。看着照片里曾经快乐天真的他，心里酸酸的。

渐渐地，记忆仿佛被尘封起来，不想去碰，怕会打扰它们似的。

时间真的过得好快，我已长大，成了一名初中生。或许，我们都是这样，不经意间长大，一瞬间才惊觉吧！不久前再见到表哥时，他脸上又挂上了灿烂的笑容。我记起了小时候的很多事，那尘封着的往事就这样被打开。一件一件，像抖落的灰尘，看它们静静地飘在空中，然后落下。

表哥告诉我那个故事的结局：松鼠爸爸搬走了，小松鼠跟妈妈生活。起初它不高兴，它不明白它已经乖乖的，为何父母还是要分开。它开始觉得父母骗了它，所以它要反抗。但是后来它长大了，懂事了，理解了父母的行为，明白了许多关于感情的问题，又变回了从前开朗、乖巧的小松鼠。

不少同学会写父母离异这个话题，但不知如何立意。张力同学借松鼠的故事写出表哥的家庭经历和情绪调整。一个沉重的甚至有些压抑的话题被作者赋予了小松鼠一样可爱的味道。是的，父母感情的问题，儿女很难干预和反抗什么，重要的是理解和面对。这样的立意自然是鲜活的，也是吻合这个时代的观念的。

独舞依磐石：立意要独到

立意独到要求我们有求异思维。落笔前想想，别人一般会选择什么立意，自己就要尽量避开。比如"带着＿＿＿出发"这个标题，很多同学写《带着爱出发》《带着希望出发》。但金雨遐同学独辟蹊径，写了《带着镰刀出发》："它年年岁岁，岁岁年年地帮助农民收割，却永远是同一个姿势。它的勤奋，远远高于它的梦想。"这样的立意显得与众不同。

立意独到，还可以采用新的切入角度，使之不再显得人云亦云。

闲花落地

楼晨露

花开,花落。云卷,云舒。

浩浩蓝天之下,那些仪态万千的花朵,你可曾静心倾听,它们浅浅的梦呓?

一

沉淀了所有憧憬的阳光,慵懒地洒在我的身上。

我静静地伫立着。人来人往,却从未有人将目光停留在我的身上。那些匆忙的过客,也没有一次在我身边驻足。我多么希望能有人停下来对我注目,哪怕仅仅一眼,那便会是莫大的欣慰了。

可是,没有。我那么努力地生长,那么努力地吸收养分,那么努力地开花,为的就是有一天,人们能够注意到我。但我的所有努力都成了徒劳,希望也子虚乌有。我依旧是那么不起眼的样子:纤瘦的茎叶,黯淡的花瓣,香气浅得无法自知。

终于,凋零了。既然只是朵野花,那就安静地消失吧。

如果可能,如果可以,请让我做一株桂花。不管怎样,它会被注意,它的香气会被赞叹,柔软而清凉。

二

公园的小路上,堆积了厚厚的落叶,红艳艳的枫树在风中摇漾,柔媚的阳光从身边的缝隙里滑了下去,在落叶上画了一个个俏皮的小光圈,美得像一个童话。

我默默地生长,默默地开花,默默地吐香。白天,游人很多,他们会站在我身下深深地呼吸,会惊喜地说,秋天来得真快!甚至常有人折下枝丫带回家。我终于拥有了我所要的,许多人赞美了我,肯定了我的存在。

可是,为什么我还是如此沉郁。我甚至有些怀念以前的时光,那时至少还有小草为友,虫儿为伴。现在呢?表面清傲,内心却是一片荒芜的孤独。有时候我甚至想,就算一生消逝,繁华陨落,也许都不会有知心朋友可以聊聊天,叙叙旧了。

如果可能,如果可以,请让我做一株牡丹。永远那么闪闪发光,永远是万众瞩目的焦点,永远不会孤独。

三

典雅端庄,婀娜多姿,丰姿绰约,色香俱全。

我的美丽与生俱来。"花中之王"的称号,让我在百花界中享有极高的盛誉。"唯有牡丹真国色,花开时节动京城。"无论何时,我都生活在所有花艳美的目光中,生活在游人惊叹的赞美中。无论何地,我都是最耀眼的一个。

可是,生活真是这样的吗?一切似乎是设计好的。何时含苞,何时吐艳,没有缺水的威胁,没有缺养料的烦恼,我被园丁小心翼翼地呵护着,每天都有好多花谄媚地向我奉承。可是,我却依旧不快乐。虽然我享尽了荣华富贵,却也看清了这个俗世的浮躁与虚伪。

晚上,月流无声。我望着天上模糊的月影,有些惆怅。月,它虽然孤独,但是何等清高,远离了这个凡尘。不像我,整天生活在喧嚣与混浊之中,令我越发无力。

如果可能,如果可以,还是让我做回野花吧。至少,可以安安静静地,过自己的生活。

一阵风吹过,夹着馥郁的香气卷过了每一个不为人知的角落。它吹过了一季又一季,也吹过了三朵花。花儿摇曳,似乎有话要讲,却欲言又止……

这篇文章发表于《黄金时代》。它被编辑相中,独到的立意绝对功不可没。人生何尝不像这三朵花,总是这山望着那山高,不知道自己究竟想要的是什么。我们在欲望中一步一步迷失了自己。

居高声自远:立意要深刻

谈到写作,鲁迅先生曾说:"抓住一点,深深开掘。"同学们写作文容易就事论事,只写出事情表面的东西,不懂得深入挖掘,或者说卒章显志,将立意推向一个新的高度。

我们对事物的认识总是由浅入深,由表象到实质,由单向到多向。面对作文题,我们的第一意识往往是浅层的,我们要学会从第一构思入手,纵深思考,深入挖掘,多问几个"为什么",慢慢地,就会练就立意深刻的本领。

立意深刻，要学会托物寓意。比如本人的《当归》一文，入选《2015—2016最受中学生欢迎佳作年选》，发表后被转载多次。文章写女儿一直不回家，老母亲盼着女儿回家，给她蒸当归土鸡滋补。文章借"当归"这个物，写出了当归之意。

立意深刻，要学会整合。整合就是将平面的内容进行巧妙的组合嫁接，或在"点"上加深，或在"面"上加宽，使文章在丰富的内容中显示出深广的内涵。

学生例文

迟到的一课

徐璐瑶

杨修被曹操杀死后，认为自己死得太冤太没有价值了，所以他的魂魄不愿投胎。等啊等，有一天，他终于遇见了曹操的亡魂。于是，杨修急忙向前问道："明公慢走，你当初为什么杀我？"曹操一看是杨修，停止了脚步，笑了一下说道：

"你想知道我为什么要杀你吗？听我慢慢道来。你智力过人，聪明绝顶，你上知天文，下知地理，懂奇门，会八卦，可以说是一个奇才。但你恰恰忘记了学一门人生的必修课，那就是领导者的心态，所以你不晓人和。今天闲着也是闲着，我给你补上一课。

领导作为一个成功人士曾经遭受过多少坎坷，又遭受过多少艰辛，还遭受过多少人的冷眼，你知道吗？在创业阶段流过多少汗，淌过多少泪，吃过多少苦，你知道吗？成功后又承受着多大的压力，面对着多大的困难，忍受着多大的指责，你知道吗？他们不缺钱花，也不缺衣穿。唯独缺少的就是他人的认可，希望的是别人来赞美他几句，哪怕是违心的。但是你，杨修，处处和我作对。

记得有一次我拿给你一盒点心，只不过希望你们来和我说一声想吃，我不会不给你们吃，兴许还会多给你们几盒。我在盒上写了'一合酥'。意思就是让你们不知道其中的含义，而来向我请教，然后我会告诉你们，'合'字下面没有'皿'字，也就是说，没有东西盛放，你们无法吃，我会把盆子给你们，你们不就能吃了吗。这样显得我既聪明，又和蔼，有什么不好，可是你偏把它理解为'一人一口酥'，全给我吃掉了，你说我的面子往哪里搁啊，我的心里能平衡吗？不能！

记得有一次，好像是工人修一座门，问我是宽一点还是窄一点好，我身材较胖，我想让门宽一些，但是我如果这么直说，显得我太没水平了。于是我在门上写了一个‘活’字，同‘门’字合在一起就是个‘阔’字。有话不明说，这是领导显示其尊严的一种手段，当人们无法猜出的时候，我再给予解答，不更好吗？然而，杨修，你毫不留情地把谜底给我揭穿了。你知道吗，他们说，‘我们丞相怎么这么爱卖弄啊，简单的事非要搞复杂了。’你让我的尊严荡然无存，我能不恨你吗？

我要在我的两个儿子中选出一个来继承我的大业，而你却影响我对他们绩效考核的真实性，误导我的选择方向，你的魔爪已伸向我的家庭，我的江山，你太可恨了。

大家公认我爱才，求贤若渴也是我追求的目标。当年，祢衡是多么嚣张，当众脱光衣服，敲着鼓骂我，我没有生气；徐庶之母当众数落我的不是，还用砚台打我，我还是没有生气；我待关羽如同至亲，上马金，下马银，三日一小宴，五日一大宴，还把赤兔马给他，他还是弃我而去，我仍然没有生气。他们这些行为，我都可以忍，唯有你，杨修，让我忍无可忍，你比他们更可恨。是因为你是我的下属，是我一手把你栽培到今日。所以，我以‘鸡肋’之事，‘乱我军心’之名将你杀死。

我还是那句话，你的确很聪明。但正是你的小聪明，把你的性命害了，应了古训，‘聪明反被聪明误’，你太爱耍小聪明，已达到忘我的境界了。你眼里根本就没有‘领导’这个概念。所有的人当中，就你敢拿领导‘开涮’，就你敢挑领导毛病，就你敢违抗领导的命令。有句俗话，你应该知道：‘老虎的屁股摸不得！’你偏要摸，可想而知，你是在自寻死路！”

听到这里，杨修“扑通”一声跪倒在地，“曹丞相，我服了，我杨修是生得窝囊，死得活该。我这辈子算是白活了，不过今天这节课好啊，我全明白了。时候也不早了，咱们一同去股胎吧。来世我还做您的下属。”曹操哈哈大笑，挽着杨修的胳膊走向了奈何桥。但由于他们谈话的时间太长了，比别人晚投了一千多年。

从此，人世间多了一对君臣：乾隆与和坤。

这篇作文发表于《作文新天地》。作者借曹操之口，呈现了某些领导者狭隘自私、唯我独尊的心态。无论是曹操和杨修，还是乾隆与和坤，真正上好人生一课，都是一件很难很难的事情。

再看本人发表于《小说月刊》的《破镜》一文结尾：

潘小京手上的镜子，啪地掉到了地上。

后来，有人给潘小京取了个名字，叫破镜。

破镜，也叫獍，如貙而虎眼，长大食其父。

如此处理，使读者的视线不仅仅停留在儿子打破镜子这个动作上。最后短短一句，给人思想和情感上的震撼，文章的立意已然凸显。

俗话说，勤于读书，逸于作文。要想文章立意健康、鲜活、独到、深刻，同学们需要多多读书，从书中汲取宝贵的营养，同时要善于观察，勤于动笔，从而使作文的立意像集市上的金钱，能够收纳各种货物。

山水是地上之文章
——写出游记的特色

游记，是旅游中所见所感的记述。它以记叙、描写为主要表达方式，以山河状貌、地域特色、风俗人情、鸟兽虫鱼等为记游对象，真实地抒写自己的见闻和感受。在文体归属上，游记属于记叙散文，具有散文形式灵活、文情并茂的特点。历代文人留下了很多脍炙人口的游记作品，如柳宗元的《永州八记》、姚鼐的《登泰山记》、王安石的《游褒禅山记》等。及时写下游记，能让旅游的点滴不随时光流逝而淡忘，又能让人抚今追昔，加深对大自然的热爱之情。

清代张潮认为，文章是案头之山水，山水是地上之文章。饱览山水后，写一篇游记，实乃美事一桩。

游记和一般的散文写法上有些区别。同学们可从以下三个方面着手：

一、紧扣游踪，凸显人文

以游览的行踪为线索，按照时间的推移和地点的转换，有序地写出游览的过程，是游记最基本的特征。因此，同学们要记住游览的顺序、具体的景点和景物的特征，可以在游览时做简要的记录，也可以拍下照片来唤起记忆。在下笔之前，心中要有一条明晰的路线，它们就像串珍珠的线，让全文脉络清晰。

当然，游记不是简单的游览路线图，不能面面俱到没有详略。和中心无关的，敢于舍弃。需要浓墨重彩突出的，要停下脚步，多做描述。有的同学在旅游时，只顾着热闹，忽视了景点中的人文资料，如神话传说、经史典籍、名人轶事、乡风民俗、碑文楹联、诗词典故等，写出来的游记往往内容贫乏，流于粗浅。

其实，人文资料能加大文章的信息量，提升游记的文化品位和阅读价值，体现文章的厚度。因此，同学们在描摹山水的同时，别忽略了与自然景观相联系的人文景观。大家可以注意听导游的讲解，看景点的介绍等，获得相关的信息。为使整篇文章结构匀称、疏密有致,可运用一点穿插的技巧,将与景点有关的某些数据、资料,通过导游介绍、游览者交谈等形式,做巧妙的介绍。这样,我们就能做到点面结合、疏密有致,又给读者相关的知识。

教 师 下 水

有一个地方,叫琴溪香谷

王秋珍

琴溪香谷是为了纪念水龙与玉琴这一对真挚相爱的恋人而取,谷中有一座鹊桥,恋人们可以来一次浪漫的鹊桥相会。琴溪香谷又叫状元谷。晚唐诗人施肩吾和徐凝曾在此求学,二人同举进士。施肩吾还高中状元,成了杭州地区第一位状元,也是桐庐唯一一位状元。

听着导游的介绍,我的脑中构想了一幅琴溪香谷图:溪水淙淙,如琴声悠扬;峡谷深深,一路飘香。这样的美景,用来读书和恋爱,还真是美事。

透过大巴车的玻璃窗看出去,是一大片一大片已然结籽的油菜花,泛着成熟的土黄色。可以想见当初花开时的绚丽和壮观。除此,更多的是一丛一丛的竹子,特别青翠挺拔。整个田野像柔风细雨照看下的幼儿园,真实、活泼,让人产生一种没来由的喜欢。是的,琴溪香谷就应该由俊逸的竹子和浪漫的油菜花来迎接。

下了车,只见眼前绿树掩映下的木制小门楼上写着"琴溪"二字。大家叫着、闹着,留下了此行第一张全家福。

沿着石板路没走几步,就见到了一块大石头,平滑细腻,呈现着时光的黄。上面写着三个绿色的大字:状元谷。字体苗条细长,捺笔夸张随性。不知谁喊了一声:状元谷,来一张。于是,大家又乐呵呵地聚集在一起,喊着西瓜甜不甜,说着拍了照片成状元的话语,留下了和五月的天空一样明媚清爽的笑靥。不过,我还是更喜欢琴溪香谷这个名字,浪漫,有画意。

刚下过雨,路有些滑。风像鼓起腮帮子的孩子,一口气一口气,轻柔地吹着我们的脸颊。心思渐渐变得沉静。沿着山路慢慢往上走,只见清涧急缓,或跌宕成潭,或激石冲浪。大大小小的白亮亮的瀑布,满眼都是。童话《海的女儿》的开篇中说,水是那么蓝,像最美丽的矢车菊花瓣,同时又是那样清,像最明亮的玻璃。琴溪香谷的水,不蓝,清得有点瘦。它透亮干净,像个单薄的小姑娘,透过清澈的溪水,还可以见到多处像琴键似的纹路。

蜿蜒的石子路经常可见木头楼梯,一级一级搭得很简单,却有点陡。缓缓地走在上面,看着崖壁上的青苔,茂密的樟树、桂花树以及成片的"黄金柴",听着琤琮的溪水声,恍然走进了某部电视剧的拍摄现场。果然,姑娘们转过身子,刚想说拍一张,就见楼梯下长枪短炮已经排开,一位位帅哥正敬业地工作。那感觉,还真是成明星了呢。

不过,当个平凡的人又何尝不好? 这个时代的生活表面上过于丰富,就像水上的油彩,有着太多的花纹和色泽。元代宋方壶在《山坡羊·道情》中写道:"青山相待,白云相爱,梦不到紫罗袍共黄金带。一茅斋,野花开,管甚谁家兴废谁成败? 陋巷箪瓢亦乐哉!"这种隐居山林不求功名的洒脱,又有几人能享受呢?

想到这儿,我突然羡慕起满山的桂花树来。长在这么美的地方,其香自是不俗了。待到八月时,香谷,那真是名副其实了。

想着,继续往前走,到了状元神洞洞口。状元神洞除了有水龙和玉琴的美丽故事外,更有清代王六吉对洞中神龙的记载:"予见朱村之龙洞则甚异,洞前有大石如屏,及门若斗室,左若钟形,撞之其声清越;右作鼓形,击之其声镗宏。现进有龙形,亘四五丈,蜿蜒蠕动,隐然有鳞起,首已过洞而尾未出,震目骇心,无异真龙。"清人臧承萱有诗赞曰:"岩石千年欲化龙,昂然见首白云中。在山已有为霖志,万斛尺泉化碧空。"感觉真是奇异哉。出了状元神洞,就进入了泉流千秋景区。那里有一泓千年不涸的状元泉,据说当年状元施肩吾远渡澎湖时,行囊中就装有一壶琴溪香谷的泉水。再过去是泉亭、鹊桥、缠绵林和藏龙出峡等景点。

不过,我看着黑深深的洞以及一旁那块提醒的告示牌,想着自己并不苗条的身躯,终是失了勇气。

于是就跟着几位文友往回走。看到了状元祠堂的指示牌,一眼看去,那路两边的树上挂满了红色的条子,写着诸如"学业有成""步步高升""智慧增长""金榜题名"之类的寄语。但我们没有过去,而是一直沿着状元路,来到了出口处的状元茶轩。彼时,天刚好下起了雨,我们撑起小花伞往外走。

就这样，我们离开了这个全国最美县城、著名旅游县杭州桐庐的琴溪香谷。可我却像一只飞倦的蝴蝶，从此被琴溪香谷的枝头俘获。

《有一个地方，叫琴溪香谷》这篇游记按照游踪依次写了路上的油菜花、琴溪门楼、状元谷、状元神洞等。文章用故事引出，避免了常见的旅游时间和原因的介绍。元代宋方壶的《山坡羊·道情》、状元神洞的那些诗句以及状元施肩吾的传说，属于人文景观，它们适时地出现，大大增加了游记的厚度。

学生例文

游云南

严　寒

七月，太阳如同瞪得滚圆的眼球，狠毒地注视着地面，仿佛要把所有的东西都蒸干。我和妈妈飞去云南游玩。

一到云南，就觉得凉爽了许多。不久，我们便驱车游览了昆明市市徽金马碧鸡坊及东寺塔。

转眼到了第三天，我们乘车去了玉龙雪山。玉龙雪山在冬、春季是茫茫雪原，现在的夏季可观看在四万年前形成的冰川。听导游说，玉龙雪山全年只有80天可以看见全部面貌，它就像一条玉龙盘旋在那里，故名玉龙雪山。

到了玉龙雪山，只见雪山上云雾缭绕，隐约能看见冰川，但没有雪。我穿上了夹克衫，上了海拔4506米的玉龙雪山，许多人都买了氧气瓶、租了羽绒服。我们沿着石阶往上走，觉得有点冷。四周是灰褐色的沙石，向远处望，能看见银白的冰川。我们上了大约一半多的路程，怕高原反应太强烈，我和妈妈就开始返回了。过了一会儿，我们到了下索道的地方，只见玉龙雪山被薄雾笼罩，原来看见的巨石已经朦朦胧胧了，像置身于童话世界一般。

下了玉龙雪山，我们去了天然牧场——甘海子、玉水寨、雪山融化而成的白水河以及被美誉为"小九寨"的蓝月谷。蓝月谷的水清澈见底，湖水呈蓝色。我去洗了两次手，觉得十分凉爽。往前走去，有一处湖水特别浅，那些石头像台阶似的一圈圈向下延伸，有几只背上有彩垫的牦牛在漫步。那是生意人在吸引小孩去拍照。在那里，我和妈妈也拍了好多照片。

第五天，我们到了昆明的石林。一进景区大门，就看见了一个石林湖。走着走着，只见许多石头像树枝一般，石头挨着石头，几乎没有空隙。听说电视剧《西游记》里的金角大王、银角大王那一集就是在这里拍摄的。其中一块石头像一只雄鹰，它高昂着头，一对翅膀收在一边，似乎在观察哪里有猎物。随着拥挤的人流走着走着，我们又看见了"乌龟探海"，只见一块灰黑色的石头横空探出，那神气，真的像一只大乌龟在探海。导游说，摸摸乌龟的脑袋会带来好运，大家纷纷去摸，有的小孩还由大人抱起来去摸。我也跳跃起来，用手摸了摸乌龟的脑袋。

后来，我们又兴致勃勃地游览了大理古城、黑龙潭、洋人街、七彩云南等地方。

温柔的阳光照耀着云南这块神奇的土地，我想起了一代伟人毛泽东写下的不朽诗篇：江山如此多娇，引无数英雄竞折腰。好了，我也姑且当一回英雄吧。

一篇八九百字的游记，不可能面面俱到，把所有游玩过的地方都平分笔墨地介绍一遍。严寒同学的《游云南》一文，依次提到了金马碧鸡坊、东寺塔、玉龙雪山、甘海子、玉水寨、白水河、蓝月谷、石林、大理古城、黑龙潭、洋人街、七彩云南等。但作者将笔墨重点集中在玉龙雪山、蓝月谷和石林，使文章游踪清晰，又疏密有致。导游的介绍丰富了游记的内涵和趣味。

二、细致观察，众法绘景

所谓描写，是指用准确、鲜明、生动的语言，对人、事、景、物进行具体描绘的一种表达方式。景物描写主要是对景物的形状、颜色、声音、气味等方面进行描绘。

景物描写方法很多。就游记来看，最常见的是移步换景、定点观察、虚实结合、以动衬静、运用修辞，写出触觉、味觉等多种感觉。人走景移，随着观察点的变换，描绘出一个个新的画面，就是移步换景。同学们采用移步换景法描写景物时，要把观察点的变换交代清楚，同时要对景物做出选择，写出有特色的景物。定点观察是固定立足点，有次序地展开观察，比如由近及远、由高到低等。虚实结合就是将眼前的景物与想象相结合，写出自己赋予景物的情感和思想。多种方法绘景，可以使游记灵动活泼。

教师下水

瓯江的南岸，便是画乡。江水潺潺，似剔透的果冻泛着蓝莹莹的光。不远处，有山峦，有滩涂，有帆船，更有蓝汪汪的天空。天空和湖水，分不清谁比谁更蓝，它们像一对相看两不厌的眸子，诉说着满腔的深情。

走在青石铺就的小街上，仿佛走进了古老的时光。青砖墙、石头墙斑斑驳驳，被岁月的风雨随意地泼成一幅幅山水画。爬山虎行走在墙上，用自己的身躯幻成一个个画框。破轮胎、木格子、塑料盆等很自然地附在墙壁上，上面养着常春藤、紫罗兰、铜钱草、寿星花等，把墙壁装点得别有风味。小屋里摆得最多的是小瓷器，门口种得最多的是枣树。青青的枣子已挂枝头。一棵棵枣树像一台台幸福的织机，织出馨香如缕的烟罗软纱，把夏日过于热情的小巷包裹在它青春的芳泽里。有位男士搭着小画架在写生。这里，每一处都可以入画，每一处都可以入镜。谭谭和凤凤拿着自拍神器，做出各种妖娆的表情，把青春的美好和画乡的美丽一起定格。

——王秋珍《丽水，穿越时光的梦幻》选段

以上文字，将移步换景和定点观察相结合，写了瓯江、青石铺就的小街。描写小街的风景，有实有虚，"一棵棵枣树像一台台幸福的织机，织出馨香如缕的烟罗软纱，把夏日过于热情的小巷包裹在它青春的芳泽里。"虚写的手法写出了景物内在的情感。同时，文章用了比喻、拟人等修辞，描绘出瓯江的清澈和小街的美丽。

学生例文

没多久，一个巨大的岩洞徐徐在眼前展露，同时一股寒气也远远地逼来，让我全身刚刚舒展的毛孔又瞬间紧闭了回去，缩缩脑袋，我又向溶洞迈开了步子。

外洞很大，像一个可以容纳几百人的会堂。高高的岩洞上，右边是一个石龙头，像是一个老树根，旁边翻卷着还未完全脱落的树皮，和周边的岩石比起来，龙头白得很不自然，可它偏偏叫黄龙；左边也有一个龙头，不仔细看，还真看不出来，黑龙头便显得低调多了，虽是微微昂起，却倚靠在一块凸起的小黑石上，向下低低地张着嘴,神态好似在漫不经心地看着下面的游客。二龙中间,"三十六洞天"几个大字高傲地从岩壁上望下来。

外洞逛完了,导游便将我们领进了小船,准备进内洞。小船用两根粗麻绳拉着,靠机器发动将我们拉进去;六个人一艘船,大家全部平躺着,做好了准备。只听耳旁嗡嗡地充斥着机器的轰鸣,黑暗就在我眼前膨胀了起来,只是依稀地感到上方的岩壁好像贴着我的脸颊滑过,一块块凹凹凸凸的岩石疯狂地向我拥挤过来,正纳闷时,光明又回到了眼前。进内洞了。

我摇摇晃晃地从小船上起来,再睁眼时,五彩斑斓的光线模糊了我的视线,简直来到了另一个世界。

各式各样的钟乳石和石笋沐浴在交织的各色灯光下,显得神秘又奇幻,潮湿的内洞满是啪嗒的滴水声,一片静谧中,我仿佛能看到一个个鲜活的生命努力地生长着,甚至听到它们在拼命吮吸积水,贪婪地成长着。这哪是什么岩洞,分明就是一片生生不息的森林!

——汤雨笛《绿色尘封的幽寂》选段

在汤雨笛同学笔下,双龙洞不是什么岩洞,"分明就是一片生生不息的森林!"文章观察细致、描写细腻。外洞的石龙头、内洞的钟乳石和石笋像一个个生动的镜头呈现在我们眼前。除了移步换景和定点观察,作者还写到了机器的轰鸣声和啪嗒的滴水声,以动衬静,同时将实写和虚写相结合,仿佛带领读者看到了一个个鲜活的生命在努力地生长。

学生例文

椰子的故乡

蔡金成

大片的槟榔树,大片的椰子林加上蓝蓝的海,这里就是三亚。

我们去的第一个地方是海口。黄色的沙滩上生长着椰子树,每棵都结着棕色的椰子。在椰树底下,我发现了一个椰子,表皮还是热乎乎的,似乎刚接受完阳光的沐浴,跑到椰子树下来乘凉了。

带着满拖鞋的沙子,我来到了海边,冰凉的海水沁人心田。海鸟掠过海面冲向蓝天。天蓝蓝的,海也蓝蓝的。

午饭谈不上丰盛,却也是别出心裁。有香喷喷的椰子饭。它看上去是奶黄色的,垫在最下面的是椰子壳,中间的是椰子肉,上面是用椰汁浇过的饭。放到蒸锅里蒸上二十几分钟,掀开锅的那一刹,香气扑鼻而来,拿起一块尝一尝,那味道自然也是极好的。

下午,我们去了甘什岭的槟榔谷。有一群俊男美女在跳舞,欢迎远道而来的游客们。我们有序地走过,走进槟榔谷,一大片槟榔树立在眼前,又细又长好似身材姣好的少女那般婀娜。当地人说,以前女子挑选配偶,要的就是能够爬上槟榔树摘下槟榔果的小伙子。槟榔直接吃就如同喝烈酒,易醉,需将槟榔叶裹槟榔果一起嚼。我按照导游说的,将槟榔果和槟榔叶一同放入嘴中,嚼了几下,连忙吐了出来。就本人的体验来说,槟榔不适合我,它在我的嘴中留了一种叫作苦涩的味道。

那里还有用木头搭建起来的屋子,屋内的墙壁上抹上泥,据说是夏凉冬暖呢。又到了卖食物的地方,这里有现做的整袋出售的椰丝,我买了一包,入口有一股椰奶的香味,嚼起来有一种椰肉的清甜。路过一排屋子,几个老人正在手工织布,那布上的花纹多半是月亮、星星之类的。坐在槟榔树下,边和朋友聊天边看织布,好不清闲。

在三亚,似乎无论你到了哪儿,背景图案都是一样的,蓝蓝的天,悠悠的云,槟榔树和椰子树交织着,还有那蓝蓝的海。

蜈支洲岛也是这样,海水清澈透亮,潜入海中还能看到大量的热带鱼和珊瑚,还有人们常说的天涯海角,有退潮时被留在沙滩上的会发光的鱼,惊喜无处不在。

美食、美景造就了一方美丽的土地。

三亚,真美。

蔡金成同学的这篇游记除了运用视觉和听觉,更突出了味觉。文章抓住美景、美食,描述了三亚这片美丽的土地。作者以"椰子的故乡"为题,着力渲染了椰子饭的香气扑鼻、槟榔树的婀娜美丽、椰丝的清甜美味。槟榔树和椰子树交织着,还有那蓝蓝的天蓝蓝的海,这就是三亚。

三、找准触点,抒发感受

写游记,要游为我记,记出我心。同学们要寻找最触动自己心弦的点,抒发真切的感受。不能游和记分离,见景不见人,见人不见情。"一切景语皆情语也。"景中见情,不仅要写出山水蓬勃的生机,更要写出自己的情感和想法。有自己的活动和感受,才是属于自己的游记,否则,和一般的景点介绍有什么区别呢? 同时,情景交融更能增加游记的可信度和趣味性,让读者也有身临其境之感。换而言之,我们要学会用情来串起人、事、景。

教 师 下 水

这世界如此安静
——记笔墨纸砚之旅
王秋珍

"歙砚的石质坚韧温莹,纹理缜密丰富,呵气生云。"随着讲解员的介绍,大家纷纷凑过去哈气。只见滑如凝脂的砚台上出现了温润的一层,用食指轻轻一抹,指尖仿佛吻上了轻雾抑或云烟。在啧啧的赞叹声中,一群雅人继续往前走。

很荣幸,我也是这个小群体中的一员。

这是一场游学之旅,旨在探访文房四宝。两天的时间里,我们将一一走近它们,这不得不让人心生欢喜和期待。

我们先奔赴安徽歙县,来到"歙县古城墨砚博物馆"。馆内收藏陈列的墨和砚让人目不暇接。一方名叫"春意"的老坑龙尾石龟甲纹,上方是新春的柳条,柔梢披风,燕子翩跹,下方河水解冻,用手轻轻触摸,凉如春水滑如嫩肤。清代名叫"书页"的端砚,形状像极了半开的书页,卷起的一侧有明显的金色,仿佛读书人的手把它磨出了光彩。有一方名叫"抄手"的歙砚临背眉,模样像长奋斗,因底下可伸手而得名。走着走着,有三五人在20世纪60年代的学生砚面前停住了。只见眼前的歙砚外围四方状,里面呈圆形,左上角一个三角形的小坑,磨出来的墨汁流到小坑里,毛笔就在那里蘸着写出一笔一画。有一方学生砚的最底部,墨汁似干未干,恍如小鱼在吐着一个个泡泡。时光仿佛穿越到了几十年前,当年的我们正是用这样的砚开启了笔墨的原始认知。

说到墨,我最感兴趣的是药墨。据传明代时,安徽歙县的制墨者程君房为使墨汁保存更久,在墨中加入了麝香、金箔、冰片、珍珠、公丁香等名贵药材做天然防腐剂,于是墨不仅有一股中药的香味,还能凝血、镇惊、息风、止痛等。20世纪90年代时,倘若家里有一方麝香墨,小病不用看医生,直接用麝香墨磨出墨汁喝下去就好。好的墨色泽黑润,舐笔不胶,入纸不晕,轻轻弹击,有清越之声。好墨就如益友,接触多了,你就会被同化。因此,若某人经常和墨在一起,磨着墨、用着墨、闻着墨,甚至吃着墨,慢慢地,就会成为墨仙。书上有载:"如膏如露,濡毫之余,间用吮吸,灵奇之气,透入窍穴,久久自然变易骨节,澄炼神明,谓之墨仙。"《史记·屈原贾生列传》中,还有"静墨"这样的形容词。我想,和砚和墨打交道的人,都应该有一颗安静的心吧。他们能屏蔽外界的喧嚣,独守内心的安宁,找到属于自己的芬芳。

走出博物馆,边上是加工的小作坊。有工人正在制砚。有一位姑娘专心致志地工作着,刘海把她的大半个脸都遮住了。拿着相机和手机拍摄的我们嚷嚷着:"美女,抬一下头。"姑娘丝毫不为所动,仿佛她的身边,根本没有这一群好奇的游客。心专才能绣得花,心静才能织得麻。看着她版画一般的身影,我不由得生出敬意。

第二站,我们来到了宣纸的故乡——安徽省宣城泾县。走在蒙蒙细雨中,泾县的"中国宣纸博物馆"平添了水墨气象。馆外的山坡上晒了很多白色的东西,远看似东阳索粉。原来那是青檀树皮蒸、泡、晒后,加入草碱等洗涤后撕成的细条,一般要日晒雨淋9个月左右。路边和院子里种了很多檀树,灰色的树身,嶙峋的枝干,不少枝干中间有凸起的球状疤痕,那是砍后留下的印记。新长出的枝条又细又多,整体看来很有一种错落有致的美。

走进捞纸间,两位工人正在捞纸。一个长方形的大木缸上,盛着很多黄白色的浆,那是加工后的树皮料、稻草料,加入杨桃藤汁等植物胶搅匀后的浆。两位工人拿着竹帘,浸下,捞起,一张纸就做成了。好神奇。

最后一站,我们改道浙江湖州,来到南浔区善琏镇的"中国湖笔博物馆"。我们先跟师傅学做笔。师傅教我们的这道工序叫择笔。只见师傅用小镊子去掉杂毛，把白色的羊毫笔尖蘸一下糨糊，然后让笔尖开花，把糨糊一点点地揉进每一根笔毛，揉透了，再把糨糊全部挤出，笔尖揉得圆润起来，笔就做好了。我试着做了，感觉自己已经揉了很久，才把笔交给师傅，以为会受到他的夸奖。谁知师傅又把笔蘸进糨糊，一切从头开始。师傅告诉我们，三年徒弟四年半做，仅学会一道工序就需四年。他做择笔已经四十五年了。突然想起一句诗：鸟穿浮云云不惊，沙沉流水水尚清。学手艺，最需要静心专一。

博物馆的重中之重，是赵孟頫的书法作品。湖州人赵孟頫，是宋太祖赵匡胤的十一世孙。赵孟頫的大字风神朗发，行书圆转流利，小楷结体妍丽，行楷笔姿雄秀。他的妻子管道升也擅长书画。馆中有一对龙凤笔，源自赵孟頫夫妻的佳话。据说赵孟頫50岁时，喜欢上了一位姑娘，想效仿当时的名士纳妾。妻子知道后，没有吵闹，而是写下一首《我侬词》："把一块泥，捻一个你，塑一个我，将咱们两个一齐打破，用水调和，再捏一个你，再塑一个我。我泥中有你，你泥中有我，与你生同一个衾，死同一个椁。"墨香缱绻，情深几许。赵孟頫看了，深深感动，从此打消了纳妾的念头。

文人雅士的处事风格，就是如此不同，冷静，文雅，给彼此面子。

茫茫世界，一片喧嚣。这趟文化之旅，引领我走进了一个安静的天地。端砚、徽墨、宣纸、湖笔，每一种都散发着美好。我真想支起一口大锅，一一放进笔墨纸砚，且煮且蒸且炖，做出一道道奇崛的美味以及水墨般温润简单的人生。

这篇游记将笔墨纸砚之旅用"安静"两字串起。"和砚和墨打交道的，都应该有一颗安静的心吧。他们能屏蔽外界的喧嚣，独守内心的安宁，找到属于自己的芬芳。""心专才能绣得花，心静才能织得麻。""鸟穿浮云云不惊，沙沉流水水尚清。学手艺，最需要静心专一。"这是最触动作者的地方，它们既给了游记鲜活的思想，又赋予游记清晰的脉络。

学生例文

草原之行

吴昕宇

银白色的机翼滑过一层层薄如轻纱的云,地面上的一切渐渐清晰,目光向窗外探去,最初映入眼帘的便是那连绵不断的绿。

飞机降落,我拖着行李走出机舱,当我的双脚落到地面时,我的心头涌上无法言说的激动,我终于踏上了这一片我向往已久的土地。

那天夜里,我们住宿在一家城区的宾馆,我兴奋地想象着第二天的草原之行,很快便安然入睡。次日,我们早早出发,只因想早一点再早一点见到如歌如画的呼伦贝尔大草原。

内蒙古地域辽阔,从市区出发,到达我们的目的地要近两个小时。可当汽车行驶不到半小时,我的眼前便已出现一幅绵延的画卷。

绿,迎面而来,坐在车内,无论何时,窗外都是一幅蓝天碧草的美图,而车窗似乎就成了画框。我拿起相机,将这一切都收入我的镜头。

坐在我身边的导游姐姐笑了。她告诉我,这就是她的家乡,哪里都是风景。她的笑容里,绽开的是自豪。

忽然,车明显减慢了速度,我不解。导游说,我们到了牧区,前方的道路随时会有牧人和牛羊出现,我们是客,不应打扰他们。

果真,一些白色的小点星星点点地出现在公路两侧的草原上,仔细聆听,似乎还能听见绵羊轻柔的叫唤。一队牦牛从车旁淡然经过,未因我们的到来而受到丝毫的惊吓。在这儿,人与自然就是如此和谐。

不知过了多久,车里的人都兴奋地叫喊了起来,我放眼望去,前方不远处是一大群棉花似的羊,而羊群旁边则守着一位引吭高歌的牧羊人。

司机很配合地停车,一车的人迫不及待地跳下车。漫步在草原上,踏着柔软的绿毯,一种惬意的感觉蔓延到全身,抬头仰望天空,这里的天是那么蓝,娟然如拭,在蔚蓝的背景下,洁白的天使在起舞,云卷云舒,展现的是一幅变化多端的动态图,自由奔放。

不知不觉中，我已走到牧马的身旁，它高大，健壮，比动物园中的马多了几分英姿和野性，只有这般辽阔的草原，才能养育出如此美丽的生灵。

牧人想必是看出了我的心思，用不标准的汉语告诉我，让我骑上马。我心怀忐忑地跨上马背，心中紧张、兴奋、自豪交织在一起。他将马鞭递到我手中。我一手握马鞭，一手拉缰绳，体验了一把牧人的潇洒。他向我微笑，说我像草原的孩子。我笑了，很开心，这是我听到的最高的赞誉。这里的人，就是那么豪爽。

在这绿色的海洋里，迎风送来的都是牧草的清香，我醉了。蓝天、白云、绿草，构成了一个最美的梦。

吴昕宇同学的这篇游记，用轻灵美丽的语言，把我们带到了如歌如画的呼伦贝尔大草原。那里，到处是风景；那里，人和自然相处和谐；那里的人，豪爽热情。作者抓取了最打动自己的几个点，使全文充满了吸引力，相信很多人读后会有去大草原的冲动。即使，只是看看那里的蓝天碧草，看看车旁淡然走过的牦牛，看看牧马和牧人。

学生例文

旺角印象

李 衍

"没去过旺角，就不能说你到过香港。"这是临行前爸爸说的一句话。这次，我终于可以一饱眼福，去感受这座城市的另一种文化了。它到底与铜锣湾、尖沙咀有什么不同呢？

带着好奇与盼望，我踏上了旅程。车辆穿梭在狭窄的道路上，两边是直插云霄的摩天楼。在楼与楼狭窄的间隙中，阳光被切割得如此细碎。对于香港闹市区的人们来说，阳光和广阔的蓝天是如此珍贵。

车子在小巷边停了下来，周围是喧闹的人群。走下车，街边是一家家挂着闪烁霓虹灯的店铺。房屋看似有些年头了，上面满是岁月侵蚀后留下的痕迹。身边是涌动的人流，茫茫人海中，感觉随时都有可能与亲人、朋友走散。之前在无数香港电影中出现的情景,此刻在眼前真实地呈现。

　　这一次来,也是圆外公外婆的一个梦。他们尽管年纪大了,但那颗热爱生活、热爱旅游的心依然不变。

　　外公生来就有一颗好奇的心,左看看、右瞧瞧,还时不时地停下来四处张望。我们真怕他走丢了。

　　来香港,购物乃是旅行中必不可少的。在旺角这里可以买到什么?不,你应该问这里买不到什么。穿过小巷过道,只见满大街都是周大福的金字招牌,还有各种手表店以及卖电子产品的百老汇,等等。妈妈、阿姨她们迫不及待地走进店内挑选、下单。

　　晚饭后我们走进一家名表店,为爸爸挑选手表。店员用他那不太标准的普通话推销一款款产品,并表示有礼品赠送。在香港的街边店铺买东西是可以砍价的。对于这样一款贵重产品,选购时当然要谨慎,妈妈开始与店员讨价还价。店员则拿出了赠送的礼品,是一块电子表与一支高档钢笔,我显然心动了,不过手表的外观似乎有点幼稚。

　　当大人们在一旁商讨时,我与那几个店员聊了起来。短短几分钟,就找到很多话题。妈妈似乎明白了我的意思,问赠送的礼品还有别的吗?店员二话不说拿出一块触屏手表。哇,这手表简直帅呆了!店员表明,这手表不是给普通顾客的,是因为与我的交谈和我的友好。外公说他们可真会做生意!就这样成交了,我带着"战利品",满怀收获的喜悦回到酒店。

　　此时夜已深,可大街上依旧是沸腾的人群和璀璨的灯光。这座城市从未入睡。

　　夜晚的灯火如此绚丽,正如香港的另一个名称——东方之珠!

　　李衍同学的《旺角印象》很成功地将自己的感受融入游记里。比如:"在楼与楼狭窄的间隙中,阳光被切割得如此细碎。对于香港闹市区的人们来说,阳光和广阔的蓝天是如此珍贵。""此时夜已深,可大街上依旧是沸腾的人群和璀璨的灯光。这座城市从未入睡。"这样的语言,像琴弦拨动着读者的心。都说香港是购物的天堂,旺角自然不例外。文章重点写了购物的趣事,展现了旺角的地方特色。

命意作文如何立意

开关

[美]谢尔·希尔弗斯坦

如果我们脑上有开关，

那么世界上就不会有犯罪。

因为我们可以把坏东西拿出来，

把好的留在里面。

打开开关，可以把对娱乐明星的追捧拿出来，把对卑微者的友善留在里面；把对网络游戏的痴迷拿出来，把对名著经典的热爱留在里面；把对花开日落的熟视无睹拿出来，把对星空宇宙的好奇想象留在里面……

你可以记录打开开关的经历，也可以发挥想象讲述打开开关的故事，还可以……

要求：

(1)题目自拟；

(2)文体自选；

(3)不少于600字，文中不得出现含有个人信息的地名、校名、人名等。

试题解析

这是一道材料作文题。命题者提供一则或多则材料给考生，要求他们理解材料的意义，并以此确立文章的主题，然后作文。有人也称这样的写作方式为材料命意作文。近几年，材料命意作文受到越来越多的中高考命题者的喜爱。究其原因，是因为命意作文有"意"的限制，可有效避免套题背题，而它的自拟题目和自选文体,又给了考生较大的发挥空间,就像戴着脚镣的舞蹈,有限制又有发挥。

笔者参与过中考作文阅卷工作,感觉很多考生因为不能很好地把握"意",表达"意",失去了理想的分数,实乃憾事。那么,该如何解析材料命意作文的立意呢?

一、要读懂材料,找出贯穿其间的主旨

命题者提供的材料再多,信息量再丰富,都有一个贯穿始终的主旨。同学们要敏锐地捕捉关键的词语或句子,把握主旨。材料中谢尔·希尔弗斯坦的这首诗,以大胆的想象,写出了诗人的美好憧憬。提示语中,以排比句的形式写了三个方面,每个方面都以正反的形式出现,很好地照应了谢尔·希尔弗斯坦一诗中的主旨句:把坏东西拿出来,把好的留在里面。材料对主题的确立有着不容篡改的"制约性",很多考生把握不了材料所透视出来的中心,往往脱离主题另起炉灶,造成偏题跑题甚至离题。有的考生直接处理成"我打开回忆的开关——",然后写下一件往事了事,完全把材料中的主旨抛开了;有的考生就写了自己如何酷爱打游戏,却忘了回到主题上去。

二、区分材料的思想倾向,选定一个角度,围绕主旨写出新的东西

命题者往往将自己对材料的理解认识、思想倾向、感情倾向都融合在材料与提示中。这些材料,有的褒义,有的贬义,有的中性,有的褒贬共存。在《开关》这则材料中,很多考生只读出了一个方面,而忽略了另一个方面。这则材料是明显的褒贬共存,我们可以抓住核心词"好的""坏东西"来选定一个角度。它们是一对相反的词,可以是有关做事的态度的,比如认真和马虎,严谨和粗心,有始有终和半途而废等;可以是做人的品质的,比如善良和丑恶,诚信和欺骗,正直和虚伪,勤俭和奢侈等;也可以是人的情感方面的,比如快乐和忧愁,自信和自卑,冷静和暴躁等。同学们要选择自己最好把握的、有话可说的、有事可写的、有情可抒的角度入手。

命题者所给的材料包含的往往是大道理,同学们要学会以大化小、以小显大,把自己熟悉的生活与大道理联系起来。有位考生写自己不喜欢朴素,总是把自己打扮得很浓艳,浓烈的眼影,如血的嘴唇,五颜六色的指甲……面对父母的劝说,她无动于衷。后来,父母带她去了一趟古镇。那里素朴的美给了她震撼。亲情可谓作文永恒的主题。有位考生以《药膏钥匙》为题,写了自己对亲情的漠视,直到有一次,母亲深夜在手机屏幕光的照射下,给他发痒的脚擦药膏,才理解了母亲。文章说:"母亲的爱像一把钥匙,打开了我心灵的开关——放跑了青春的火气,放进了感恩的心。"

三、自然巧妙地使用原材料,给人主旨和材料融为一体的感觉

材料命意作文在材料的使用上最忌讳无视材料,自说自话。如果考生写的内容既不是从原材料引发出来的,也不是对原材料的开拓或提炼,那必然会给人生搬硬套的感觉。在命意作文中,材料在文章中的使用,是一个不可忽视的问题。对初中生而言,引用材料一般有两种形式,即直接引用和间接化用。比如《开关》这则材料,可以将谢尔·希尔弗斯坦的这首诗直接作为题记,也可以将它延伸提炼出新的句子作为题记,如:每个人心中都住着一个天使和一个恶魔。这样一来,文字就直接或间接地往材料上靠,往主旨上走了。同学们还可以将材料或类似材料的句子借助主人公的嘴巴表达出来。这样的处理显得更自然更巧妙。例如,爸爸在和我谈话时,顺口问道:"你知道谢尔·希尔弗斯坦的《开关》吗?"有位考生选取了奶奶做冻米糖的事件,通过奶奶的口指出:"做冻米糖是我们家乡的文化,我怎么能让它失传呢? 我们要打开心灵的开关,丢掉对传统文化的漠视,填进对传统文化的责任感。"

古人云:"意犹帅也。"只要同学们正确、恰当、准确地立意,材料命意作文的写作就不再是难事了。

佳作展示

心的旅行

浙江金华一考生

打开心门,抛下烦琐与烦恼,留下一颗充满快乐的心。

——题记

拉开旅行箱,我的兴奋溢于言表,对旅行地的憧憬让我如痴如狂。

湛蓝的海水,一碧如洗的天空,细柔的沙子……这在我梦中反复出现的场景,如今就要成为可触的现实了! 我的心像一只好动的兔子,一下一下踢着胸膛。

我迫不及待地翻出我所有的珍藏,想象着,幻想着,傻傻的一个人偷着乐。"这条碎花长裙要带去,这顶阔边帽不可少,这款背心很漂亮,这双鞋子造型独特拍照

肯定好看……"我兴奋地自言自语着,把一样样东西塞进旅行箱。可是,旅行箱好像不大乐意了。我下了狠劲,整个人压在旅行箱上头。在我的"严刑逼供"下,它终是屈服了,不过像一个大肚子孕妇,好不辛苦。

我满意地拍了拍它,想给它些许安慰。却不料,就在那一瞬间,它如炸药包一样,嘭地炸开了。我看着它,一时手足无措。

"怎么了?"妈妈走进来看见这一地狼藉,惊呆了。"不小心炸了。"我不好意思地吐了吐舌头。"我来看看。"妈妈说着,随手拾起一个小盒子。"这是什么?""放发夹的。""这个呢?""装糖果的。""这个又是什么?""小镜子。"几个回合下来,妈妈不再发问。她转过身来,看着我,说:"孩子,我们是出去旅行,不是搬家。带着太多的杂物,会妨碍你找到更有用的东西。"

突然间,我仿佛明白了许多。人生就是一场旅行。只有舍去该舍的东西,才能使旅行的脚步轻快些。

那么,让我们打开心门,抛下烦琐与烦恼,留下一颗充满快乐的心吧。

这是一篇叙事散文。写了"我"即将去旅行,准备了很多东西,塞进旅行箱。旅行箱不堪重负,如炸药包一样炸开了。这样的场景我们很熟悉。这是一则相当生活化的素材。考生把它用在这次的材料命意作文中,显得合适妥帖。

考生将谢尔·希尔弗斯坦一诗中的核心句:把坏东西拿出来,把好的留在里面,进行了更具体的解读,把坏东西理解为生活中的杂物、那些可以舍去的非关键性的东西,把好东西理解为轻松的心情、必需的东西,从而以大化小、以小显大,把自己熟悉的生活与大道理联系了起来。

为使主旨凸显并自然点出,考生采用了题记的形式,让读者一目了然,并在结尾部分,通过妈妈的嘴指出:"带着太多的杂物,会妨碍你找到更有用的东西。"在此基础上,考生承接妈妈的话更是围绕主旨发表感慨:人生就是一场旅行。只有舍去该舍的东西,才能使旅行的脚步轻快些。这些句子,很好地呼应了题目《心的旅行》。最后,考生用简明的话点出主旨呼应题记。

应该说,这是一篇成功的考场作文。在考场的有限时间里,筛选出生活化的素材,挖掘出符合材料命意作文的立意,乃最关键的所在。

有米还得会炊

——谈材料的真实、典型、新颖

材料是文章的血肉和支柱。有了丰富的材料，文章才可能生动实在。有的同学所选材料明显东拼西凑，矫揉造作；有的人云亦云，毫无创见；有的一味罗列，好像只为了在字数上见长。以上种种，大大影响了文章质量。那么，该如何更好地选择材料呢？笔者认为，要注意以下三个方面：

真实——实事真情，实有可能

有的同学写文章喜欢"想当然化"，写老师一律是粉笔染白了头发，带病工作倒在讲台前；写母亲，就是深夜背我上医院。他们的脑子里有一个标准化模式，如果生活和这个模式不一样，就修改生活。

模式化的东西反复操作，会搅乱同学们的视线，使大家的感官在真正生动的事物面前视觉障碍，在真正活跃的心灵面前感觉麻木。生活没有模式，作文讲究的是写真事，抒真情。

也许，有同学要问我，文章的生命是真实，那小说不是虚构的吗？是的，小说允许进行艺术加工，但它源于生活，情节的发展应经得起推敲。我们的作文也一样，所选材料应当有实在的可能性。

例：

小男孩看见一位盲人叔叔掉了钱包，就立刻冲上去捡起钱包，跑到盲人叔叔面前。糟糕的是，盲人叔叔看不见，用拐杖打了他一下，小男孩不叫痛，强忍着，似乎在想："我不能叫痛，雷锋叔叔做好事遇到疼痛时都不叫，我怎么能输？"

（来自学生作文）

盲人叔叔即使看不见，也不至于用拐杖打人，而且到了让人强忍疼痛的地步，这显然不符合实际。而小男孩的心理描写更是明显给人一种造作之感，捡个钱包就想到雷锋叔叔,忍住疼痛也要向雷锋学习,还要扯进什么输赢,真是牵强附会,毫无存在的可能性。再说,本身捡钱包这件事也显得缺少生活味。请看陈佳瑶同学《聆听星星的声音》中的选段:

我从未想过,一直平淡而令人艳美的生活会突然发生翻天覆地的变化。

那天,看着一辆白色的车来接奶奶,我的心狠狠一颤,四肢像灌了铅一样沉重,无法行动自如。慌乱之中,没有人注意到蜷在角落里的一个小女孩。

眼前是一片灰色的海潮,一种无助的感觉,铺天盖地而来。

脑海中一幕幕闪现的都是天上的星星和奶奶的面容。

等院子里所有人都走干净后,我才从角落里出来,抱着膝盖坐在青石板上。奶奶曾告诉我:"想哭的时候,仰起头,眼眶里的泪会回去。"我仰起头,看见星星被乌云遮盖,没有发出丝毫的光亮。

眼泪没有停住想出来的念头,它好像在说:"世界这么大,我好想出来看看啊!"于是,它们就一滴接一滴地出来了,落在青石板上,啪啪有声。

我坐在石板上,睡着了,进入了一个有漫天星光和奶奶的梦境。

亲人突发疾病,全家手忙脚乱。你感觉到了无助与悲伤。这样的情节你是否熟悉? 是的,这就是生活。文章表现的是真实的事情、真实的情感。

新颖——人无我有,人有我新

冰心曾言,假如人人都是一个面孔,我必不愿见。试想,有多少人会喜欢重弹的老调和老掉牙的故事呢? 我曾在一次《我最敬爱的人》的作文批阅中发现,一个年级几百名学生,至少有五六十人写老师如何忘我工作,最后倒在课堂上。原来,他早已患了癌症,只是隐瞒了病情。

撇开材料的真实性不说,这些作文可谓人云亦云,千人一面了。教师,作为人类灵魂的工程师,传道授业解惑者,他的为人、教学智慧、教学方法等,哪一样不可以入文? 人家没写的,我们要善于挖掘;人家已写过的,要学会选取新角度,运用新方法,从而旧瓶装新酒,写出新意。

学生例文

双休日,我坐在电视机前愣愣地盯着它发呆,等妈妈叫我时,猛然一惊,却不记得自己看了什么。也许我只是想逃避那条由白色试卷编织的路吧!甚至有几次,我在晚上迷迷糊糊地睡着了,第二天只好急急忙忙地抄作业。不知道自己为何变得如此龌龊。很想告诉自己继续努力学习,却害怕换取希望越大、失望越大的结局。我依旧抿着嘴笑,心里却荡漾不起快乐的涟漪。

中午的阳光,添了一层浓浓的暖意。正当我淡淡地将上午的事忘记时,秋老师步履轻盈,指着报纸对我说:"你的文章发表了。"我先是一愣。随即,快乐地扬起嘴角。一看,报上真有我的名字,不觉兴奋地跳起来。所有不快都丢在火炉里,燃为灰烬,消失不见。再仔细一看,是那篇《永不言弃》。我从头至尾读了不下十余遍。感觉心脏跳得平静却欢快。我打从心底笑出声来。老子所言"祸兮,福之所倚;福兮,祸之所伏",看来,还是挺有道理的。我开心地想着。

(学生李翡斐《有一种幸福叫得失》)

初三,仿佛是灰色的代名词。很多同学喜欢一味地发牢骚,毕竟那也是自己真实的情感。上文的作者却将这种真实的情感转移与挖掘。文题《有一种幸福叫得失》,本身就给人一种豁然开朗的感觉。是的,学习压力重重,还会给人茫然之感。但快乐其实也很容易。一篇小小文章的发表就可以让人兴奋地跳起来。而且,发表的是《永不放弃》,适时地暗示读者和自己该如何面对生活。这就是文章的独到之处。

典型——以少胜多,以小见大

有的同学喜欢堆砌材料,认为材料越多,文章就越生动,在此,我想给大家介绍一位画家,他就是南宋的马远。马远画山,不画全山,常画山的一角;画水,不画全水,常画水的一涯,故被人称为"马一角"。他画的《寒江独钓图》,只出现一叶扁舟,一个渔翁,四周几乎一片空白,却衬托出江面的渺茫,冬日的萧索,更集中地表现了渔翁全神贯注的神态。作画与作文,道理是相通的。当代作家魏巍的《谁是最可爱的人》,起先用的是20多个材料,后来只保留了3个有代表性的材料,从而写成了脍炙人口的通讯。同学们想想,如果一间居室陈设饱和,还能有空间感和美感吗?

据说,有人问墨翟:"话说得多到底有没有好处?"墨翟答曰:"话不在多而在精。比如河里的青蛙,整天整夜喊叫,叫得唇焦舌燥,没有人注意它。而雄鸡在拂晓前只叫一两声,人们就醒了。"作文的选材亦然。要像雄鸡的啼叫,清脆响亮地叫那么一两声,少而精,而不学青蛙的聒噪,多而杂。

素材提纲

(1)帮我反复改作文;(2)帮我补课;(3)带病给我们上课;(4)我打破了玻璃,老师耐心教育;(5)我失去了学习的信心,老师常常鼓励;(6)救起溺水儿童,扑灭山上大火。

一篇反映老师的作文,以上材料就没必要都用上去。(1)(2)(3)条和(4)(5)条可以各并成一条。因为它们分别写了老师对学生学习上和思想上的关心。但如果就选择第(6)条来写又不合理,因为救人和灭火的材料显得大而空,而且极具偶然性,没有什么典型意义。

学生例文

抬头看看夜空,月亮不小心被一朵云遮住,似乎暗淡了几分,但是很美。在银色的月光下,我猛然发现母亲乌黑的头发中已有几根白发,在料峭的秋风中飞舞着,心里不禁涌起一丝愧疚。我从小多病,这可苦了母亲。她一直为我牵肠挂肚,担惊受怕。我几乎成了她愉快或苦恼的唯一理由。

这时,母亲转过身来,慈祥地握着我的手说:"记不记得你小时候,那回得了肺炎。你还不会说话,一咳嗽就哭,怎么哄都哭个不停。后来我就把你抱到屋子外面看月亮,你大概也哭累了,不一会儿便睡着了。"母亲停了停,用手将了将被风吹乱的头发继续说:"你爸爸还说,你现在黑,都是因为那天晚上晒月亮晒的。月亮的紫外线比太阳还厉害呢。"妈妈顿了顿,双眼望着前方,似乎陷入了沉思:"哎,现在想抱你也抱不动了,都要考高中了。"

(学生黄橙《晒月亮》)

米尔说:"母爱是世间最伟大的力量。"写母亲的材料自然很多,但眉毛胡子一把抓,反而削弱了表现力。上文将母亲对我的爱放在特殊的情境——月光下,以我愧疚的心理感受以及母亲淡淡的述说,呈现"晒月亮"的往事,从而反映母亲对"我"的牵挂。事情虽小,但足以反映母亲的温柔细腻;事情虽少,但人物形象已跃然纸上。

同学们,俗话说:"巧妇难为无米之炊。"愿大家不仅有"米",更有"优质米",从而巧妙地为作文添色加分。

第二单元

把写作当成一种游戏

把写作当成一种游戏

《义乌教育语文课程标准》指出,"写作是运用语言文字进行表达和交流的重要方式,是认识世界、认识自我、进行创造性表达的过程。写作能力是语文素养的综合体现。"然而,在现实生活中,写作似乎成了一柄达摩克利斯剑,让师生都惊恐不已,乃至谈"文"色变。

其实,心态决定一切。假如我们将写作当成一种游戏,自然就少了害怕,多了快乐。

西方著名心理学家弗洛伊德(S.Freud)和埃里克森(E.H.Erikson)指出:"游戏可帮助儿童工作,通过内在动机(来自思想、观念)和限制性作用(来自环境和超我)之间的矛盾,借以发展较大的智能以应付现实生活中矛盾的需要。"日本医学专家春山茂雄在《脑内革命》中提出,良好的情绪能使大脑分泌出令人心情愉快的神经化学物质——脑内吗啡。一个人如果以积极的思维方式、豁达乐观的心态、愉快的情绪对待事物,就能产生多种脑内吗啡,有利于人的积极性和创造性的发挥。教师抓住生活中提供的机会,创设生活情趣,开展各种活动,给学生游戏的自然心态、快乐心态,就能最大限度地激活学生心灵。而写作的动机一旦发自学生的内心深处,写作就成了马斯洛心理需求层次理论金字塔中最高一层的需求:一种自我实现的需要,一种验证自己能力的过程,一种不吐不快的心灵宣泄。

1.发现自我

【故事一】

苏格拉底拿着一个苹果,从学生面前走过,边走边说:"请注意嗅空气中的气味。"然后,他走向讲台,举起苹果晃了晃问:"哪位同学闻到了苹果的味道?"

有一位学生举手回答:"我闻到香味了!"

如此重复三次,除一位学生外,其他学生都举起了手。

那位没举手的学生看了看周围,也举起了手。

其实,那是一个没有气味的假苹果。

【故事二】

一次,我叫学生拿出纸笔,要求在我将题目讲完半分钟内写下答案。我问:"船长带着牛羊出发,船上有牛45头,羊8只,请问,船长几岁?"

结果,65位学生,只答对了7位,其余都将两个数字相加或相减。

詹姆士说:"不要模仿别人。让我们发现自我,秉持本色。"然而,是什么,让学生失去了自我? 是什么,让学生走不出思维定式?

教育不是知识的克隆,不是能力的强化,教育的目标是让人成就自我、超越自我,让个性和特长得以充分地施展。每个人有不同的家庭,有不同的内心诉求,有不同的价值追求。我们要学会发现自己内心的东西,发现自身的烦恼、快乐,发现自己的特长、性格,发现人性的亮点、弱点。"自由忠诚地表达自己,孩子将会从中得到愉悦感、解放感和满足感,并且变得善于表达。另一方面,表达自我的过程,同时也是寻觅自我、发现自我、认识自我、实现自我、超越自我的过程。"(《新语文写作》)就像故事一,学生为什么会人云亦云,亦步亦趋;就像故事二,学生为什么会不加思考,想当然地拿出一个具体的数字?

由于深有同感,由于自己就是故事的主角,课堂气氛相当活跃。听说要写作,同学们或颔首,或微笑,胸有丘壑,心有千言。大家似乎第一次真正地从内心审视自己。这次写作,无论是从作文,还是做人,都取得了很好的效果。

2.培养爱心

【故事三】

有个黑孩子体弱多病,母亲让他学拳击。他常常惹是生非。每次母亲都要狠狠打他,边打边骂边哭。黑孩子跪在地上,一边让母亲打,一边认错。

20岁那年,他取得了平生第一个拳击冠军。在回家的公共汽车上,他把一个抢占老人座位的男人打得头破血流。

回到家,母亲又边打边骂边哭。没打几下,他抱着母亲的腿呜呜地哭起来。原来,母亲已苍老得无法把自己打痛。

这个黑人叫霍利菲尔德,世界拳坛的英雄。

有人问他,是什么使他在最后关头站起?他回答,是老人家那句"我打死你"!

这是一句世界上所有母亲的口头语,它的背后是亲切,是沉痛,是恨铁不成钢的深爱浓情!

选择讲这个故事是因为班上有不少家长向我诉苦,说孩子走得越来越远,根本不理解家长,更不必说关心和爱了。有个女生因为母亲骂她太重,居然5年来没叫一声妈妈。

爱是一只口袋,往里装,产生的是满足感;往外掏,产生的是幸福感。有付出才有幸福。然而,随着独生子女和单亲家庭的增多,孩子的爱心变形变味了。有爱心才有动力。试想,一个连父母都不爱的人,还谈何敬业、爱国?

然而,如果我们给学生讲一些爱心、孝心的空道理,学生很容易觉得厌烦,甚至产生抵触情绪。苏霍姆林斯基认为:"教育是人和人心灵上的最微妙的相互接触。……生硬的话,粗暴的行为,强硬的、强制的方法,这一切会蹂躏人的心灵,使人对周围世界和自己都采取漠然的态度。"教师用讲故事这种学生喜闻乐见的形式,不知不觉中将爱的触角伸入学生心灵深处。

当我请同学们谈一谈父母亲关爱自己的一些细节时,他们或内疚,或悔恨,或感动,有的学生竟哽咽不能语。后来,我又布置了一系列作文,如《父母的爱情》《假如我是妈妈(爸爸)》《给父母的一封信》等,既让每个学生畅所欲言,又极大地促进了沟通,强化了学习动力,深受家长赞赏。《中学生优秀作文》等杂志还以专栏的形式刊出了部分作文。

3. 了解社会

如果一个学生,过分沉迷于身边的琐事,过于把眼界限制到自己的悲欢,不关注身外,不关注社会,不关注大家共同思考的大问题,就会变得短视、小气、猥琐,从自我迷失走向自我迷恋。这样的作文,纵然"优美"也不理想。作为教师,我们应该培养学生关注自然,关注社会,做一个大气凛然、才气沛然的人。

社会是我们的舞台。人际交往、人生的奋斗、珍惜生命、关注环保等,都是学生应该了解的。我喜欢在每天的课堂上讲一些时事新闻,讲讲自己对一些现状的忧虑、思考,同时带领学生主动去了解社会。

比如写小通讯,让学生去采访社会人士,获得了双丰收:既写出了高质量的通讯,又获得了真切的采访感受,融入了社会,增长了才干。像《老骥伏枥,志在千里》《风雨交加的旅程》《喜事临门》《闪光的人生之路》等学生采访稿都在刊物发表。就像一位女同学所说:"我觉得写作文就像在讲故事,愉悦自己的同时,也教育了别人。"

此外,我发现,大部分学生都热衷体育。而体育,是最能凝聚民族精神的活动。于是,我常常去图书馆借《新体育》《健与美》《足球世界》等杂志,有时读上一篇,有时借给学生看。比如时隔12年,中国女排重回巅峰,你有什么感触? 国足破韩一雪前耻,你想说点什么? 像这种话题,学生总是津津乐道。我们常常在课堂上你辩我论,七嘴八舌,然后下笔成文。这样的文字,给人以时代的责任感、荣誉感以及忧患感。

4.关注大师

这里所讲的大师,是思想的大师、文学的大师、科学的大师。这些大师都是在人类发展过程中,影响历史进程的、影响人类思想的时代进步的具有代表性的顶尖级人物。他们留下的文章,他们自身的历史、传记,他们的言论,都是人类智慧金库中最鲜活的一些东西。

【故事四】

英国小说家约翰·克里西一连收到了743封退稿信。但他毫不气馁,终于等到了第一部作品的问世。他潜在的创作才能便如大江奔涌,不可遏止。直到他1973年75岁逝世,43年间他一共写了564本书,总计4000多万字。他本人身高1.78米,而他写的书叠起来竟超过了两米。

这个故事,和学生的距离似远非远。约翰·克里西的执着、勤奋,像一面猎猎飘扬的旗帜,在引导着学生,让他们反省,给他们激励。

德国教育家雅斯贝尔斯认为,教育的过程是让受教育者在实践中自我练习、自我学习和成长,而实践的特性是自由游戏和不断尝试。大师更多地融汇了历史跟现实,甚至还指向未来,他们可以教我们穿越时空,教我们顶天立地地做人。关注大师,就是对自身的一种观照,对自身的一种提升。

我们知道,许多学生熟悉周杰伦、马云、朱莉娅·罗伯茨,熟悉樱桃小丸子、红色警戒、帝国时代,却不知道雨果、苏武、陶行知……遇上一点挫折就打退堂鼓,不肯吃苦,没有志向,成了不少学生的通病。

上课伊始,我有意在黑板上方写上一句名言,诸如:

即使将我置身核桃壳中,我也拥有一个世界。

——哈姆雷特

当命运递给我一个酸的柠檬时,让我们设法把它制造成甜的柠檬汁。

——雨果

要输就输给追求,要嫁就嫁给幸福。

——汪国真

渐渐地,此项内容由每日的演讲者完成。

在教学过程中,我不忘穿插一些名人故事,并指导学生看名著,看传记,收集名人名言等。2017年5月25日,是杨绛去世一周年纪念日,我们以"走近杨绛"为主题,开展了读书征文活动,带领学生了解杨绛的经历、熟悉杨绛的作品、学习杨绛的为人等。

向大师学习,给顽皮的学生以感化,给自卑的学生以力量,给胆怯的学生以激励,给愚钝的学生以智慧。向大师学习,虽然我们未必能够人人成为大师,但有了这种精神底蕴,有了这种灵魂的追慕,我们就可以慢慢摆脱狭隘,写出大气之作。

作家余秋雨认为:"写作是人类生命与生命之间的互相温暖。""要用自己的眼光用自己的感情用自己的感受去写作,不要过多地进入文章结构游离状态。"游戏的心态就是让学生的心灵放飞,多一份自然,多一些快乐。

当然,"只有当游戏者沉浸到游戏活动中去时,游戏活动才会真正充满其所具有的目的。"(德国哲学家伽达默尔)把写作当成一种游戏,并非将写作看成一件可以敷衍的事,其本质是以可能的形式、简便易行的途径,如现身说法、通讯采访、走进故事、现场演绎等,创设一种随意、宽松的氛围,打开学生的心窗,让其文思奔涌。

实践证明,将写作当成一种游戏,能让学生主动地写作、快乐地写作。这些年,我的学生每年都能发表100多篇作文就是一个证明。班上不少同学将写作视为自己的一大爱好,有的同学甚至一鼓作气写出了3000多字的文章。看来,学生的作文潜能是无穷的,只要我们善于开发,就能将作文这柄达摩克利斯剑变成我们披荆斩棘的倚天宝剑。

师生同桌，轻松玩写作

某个周末后是考试，我想给学生减负，不安排写作文。当我以一种喜悦的心情告诉学生这个决定时，没想到我的学生一股脑儿叫了起来："为什么呀？还是写吧！"

如此美好的场景像版画一样刻在我脑海里，让我在作文教学之路上走得更加执着和快乐。

在大多数人眼里，让学生爱上写作是遥不可及的梦想。其实，如果我们教师把自己放在和学生同等的位置，用学生喜欢的玩的方式来对待写作，你会发现一个很有趣的天地。

一、师生同桌有章可循

教师给学生示范写作文，有一个提法叫"下水作文"。叶圣陶先生认为："这（下水作文）无非希望老师深知作文的甘苦，无论取材布局，遣词造句，知其然又知其所以然，而且非常熟练，具有敏感，几乎不假思索，而自然能够左右逢源。这样的时候随时给学生引导一下，指导几句，全是最有益的启发，最切用的经验。学生只要用心领会，努力实践，作一回文就有一回进步。"

金华市原教研员刘启才老师在笔者《彼岸花》一书的《序》中写道：教师"下水"与站在"岸上"指导是大不一样的。教师"下水"，"亲口尝了梨子"，就能领略学生作文的甘苦，布置作文时就会认真思考，不会有意无意地增加学生的课业负担；教师"下水"，与学生"同浴"，就能在心理上和学生贴近，不会在作文的命题、指导和批改时南辕北辙，事倍功半；教师"下水"，经常练笔，就能提高自己的写作能力，为教学科研打下基础。

我想，这种"下水"，说形象点就是师生同桌。师生同桌将教师放到了和学生同等的位置，和学生一起体会写作的过程。这样，教师将更有作文指导的发言权。其次，教师是学生身边的人，一个可信赖、可接近的人。看名家谈构思，往往让学生觉得可望而不可即。阅读教师的文章,他们会恍然大悟:原来这篇文章就这样写,我也会!纱网戳破,学生对作文的神秘感也就消失了。

二、活动提供生活素材

我的学生评价我时,喜欢说我们阿秋老师很好玩,很有趣。其实,是我花样繁多的活动,让他们喜欢,同时也使他们的作文有内容可写。也许是自己有意识地要在这方面做点事情,我的点子常常会不知不觉地冒出来。比如,让学生保护鸡蛋、当孕妇,体会母亲的艰辛;让学生上课,尝尝当老师的滋味;让学生花两三元钱买一样东西,付钱后折回再次付钱试探店主的诚信;翻看父母的老照片,写下老照片的故事;等等。我曾让学生写出10位任课老师的名字和10位同学的名字,结果没有一位学生能全部写出,有的甚至只写出了两三个名字。这样的结果无疑是震撼人心的。就像我们走校园的台阶一样,经常在走,却不知道有几级。很多的东西被看似忙碌的我们忽略了。

丰富多彩的活动,给了学生全新的作文素材,让他们觉得作文真的只是记录而已,并不必跨越高高的门槛。请看以下片段:

本来课堂气氛便像个奄奄一息的老头子,再被我这个牛犊子顶了几次,就差双腿一蹬,乘鹤归西了。想想王老师平时课堂上那活跃的气氛,再看看现在这个课堂,我真不知道是谁衬托了谁,只想长叹一声:"事情总是这样,看着容易做着难。"如果一味追求课堂的气氛,那便失去了课堂的严肃性;如果一味追求严肃性,那便失去了课堂的气氛。两者一个带正电一个带负电,紧密相连,又要拿捏得当,像我这种初生的牛犊子只能惨败于这两者之手。

——章孜勤《也是一堂语文课》

从店里出来,我不禁打了个寒噤,似乎一阵冷风过境。回想刚才那一幕幕的场景,有一种感觉叫作悲伤。

这个诚信实验让多少人出卖了自己的良知与诚实。他们偷笑着出售自己的诚信时,却不知道我们在内心鄙视他们。

——陆筱靓《天黑黑》

我从没这样感动过,面对着比自己小很多的小朋友们,突然有了一种想流泪的冲动。他们都还这么小,却没有了父母的关爱。刚从门口走进屋的那一瞬间,我的心情便突然沉重了。小朋友们都喊着"抱抱",我抱起了一个小男孩,他一只眼睛是看不见的。还有站在边上的可爱的小女孩,我真的不知道她的父母有什么理由可以不要她……明白了,有父母疼爱的自己是这样的幸福……

——张爽爽《孤儿院的笑脸》

我们来到厨房,这里的地板很滑,一不小心就要摔倒,看来我们要多加小心了。那些工作人员很热情地教我们如何端一盘菜,还把重的菜自己扛下来。看着他们专注的神情,我的心里一阵感动。在通往成功的路上,他们一定是很努力的。这不禁让我想起当樱花开满枝头时的那种美丽,真正的美丽。他们的神情就像是那一朵朵绽放的樱花,粉嫩嫩的花瓣在枝头诉说他们的小秘密,一切都是如此美丽,美得让一切飘起来。

—— 卢艳红《去餐馆打工》

不少学生咬着笔杆半天,纸上落不下一个字。因为他们不知道写什么。活动给了学生直接的体验,让他们觉得写什么已经不再是一个问题。我曾多次在学生开展活动后,进行课堂作文,结果一部分同学二十来分钟就写了七八百字。就是平时基础很弱的同学,也能在一节课里完成六百多字。学生作文时,我和他们一起写同样经历的事情。这样更能交流对比,形成情感互动。

三、同题作文一比高低

1997年,我参加了金华市青年教师下水作文现场赛,抽到的作文题目是"我所敬爱的人"。这一年,我刚好执教省编初中语文教材满一轮,和学生一起写了三年的同题作文。拿到金华市一等奖后,东阳市教研员杜伟中老师鼓励我整理好那些文章。六册教材的每一篇单元作文,我都做了整理。同年,东阳市教研室帮我出了一本书《王秋珍下水作文集》,在全市推广。

后来,我将教材的同题进行延伸,选择学生感兴趣的,依然和他们一起写作。比如,《笨笨的母亲》《别踩疼了____》《有一种爱,叫____》《爸爸妈妈的爱情》《____印象》《____的味道》《假如明天死去》《____的花儿开了》……这些题目看起来普通,其实都是经过深思熟虑的,有的来自生活,有的来自阅读,有的是我自己写了觉得顺手,就让学生也来尝试的。

《爸爸妈妈的爱情》一题,就是发表得相当好的一个,有好几个报刊的编辑给我们开了专栏。《笨笨的母亲》这个题目,是我写了后再让学生写的。《人民教育》率先发表了这篇文章。文似看山不喜平。"孩子嫌弃母亲笨—母亲变笨的原因—母亲从来不嫌孩子笨—世上没有笨母亲",这是我安排的情节线。同学们看了之后,也有创作的冲动。他们的作文情深意切,让人感动。有的编辑,干脆为我们开了个栏目叫"师生同题"。

四、小说接龙挑战想象

在平时的作文批改中,我发现学生的情节编织能力和想象能力有所欠缺,就安排了小说接龙。要求在两三百字的内容里完成一个相对独立的情节,结束前要有一个小小的悬念设置。要求看起来不高,同学们跃跃欲试。全班四个大组,各自完成一篇。题目由大家商量取,开头由我写,结尾由本大组作文最强的同学负责,其余由组长安排顺序轮流创作。有的同学基础弱,但为了不辜负整篇小说,写了改,改了写。课间,同学们还在讨论小说的情节走向。

到了每周作文课的时间,就由同学上台读自己写的小说,读后再让其他人提出一些建议,说说哪组写得最好。这个时候,往往不用多说,就能从同学们专注的目光、笑作一团的氛围和热烈的掌声里,找到认同感。《最荒诞的故事》《所有人都在撒谎》《步云坊传奇》《流蜜的地方》等,一听题目就有一种好玩的感觉,吸引所有人的注意力。

这样的小说接龙类似于微小说写作。慢慢地,同学们的叙事能力、想象能力都得到了提升,一些同学还爱上了微写作。

《中国教育报》曾发表我的一篇随笔《把你写进小说里》,写的是学生写校园小说连载的事情。那次是全班每一位同学参与连载同一部小说。同学们把自己的想法和经历的事情放在小说的人物上,每个人都觉得自己是"王",可以写出完全属于自己的又和整部校园小说合拍的文字。更重要的是,它能有效避免学生作文的空洞无物,提高了记叙和描写能力。老师和学生一起写校园小说,更是一件奇妙的事情。在一起创作和共同的切磋中,师生关系更加温馨。

五、同一素材不同写法

在和学生一起写作的过程中,我渐渐发现,同一个素材,可以变出多种写法。热情像发动机一样,发动起来后非但不觉得累,还会产生一种叫成就感的东西。

比如,我曾让学生给老师写颁奖词并颁奖。这个素材我写成了散文《给老师颁奖》发表于《人民教育》,还写成了通讯《学生给老师颁奖,奖的是温暖和感恩》发表。

通过作文聊天课,我让学生来聊一聊校服的故事。事后,学生写下了《校服的故事》,我据此写了《吴宁一中:以校服的故事致青春》,并创作了小小说《借读生黄秋葵》,在《精短小说》《少年文摘》等杂志发表。

我用自己的切身体会告诉学生,一个素材不只有一种写法,有时可以写成记叙性散文,有时可以写成小小说,有时可以写成童话,有时还可以处理成诗歌……慢慢地,学生也有了这个意识。他们的作文路子越拓越宽。有的同学,还养成了一个素材几种构思的习惯。

六、在发表中寻找快乐

心理学研究告诉我们:人的任何活动都有一种企求达到成功的愿望。学生写作文,最渴望的就是看到自己写的文字变成铅字。为满足每位学生的愿望,我一直致力于办班刊《金秋》。班刊收录的是每位学生的作文,插图都是师生的照片,课堂上的、操场上的、家长会上的等等,非常有纪念意义。不少学生还把它们带到高中、大学里去。多年以后,他们也许忘了初中的课堂,却忘不了当年那一本本属于自己的"书"。

迄今为止,我们已出刊46期,每期100多篇文章。班刊栏目众多,内容丰富,看起来俨然是正规出版物。东阳电视台专门做了个专题,播出了我坚持办班刊近20年的情况以及成果。《东阳日报》《金华日报》《浙江教育报》都给我们做了大篇幅的报道,作文类的不少杂志给我们开了文学社专栏。2004年,我参加了上海华东师范大学骨干教师高级研修班,华东师大教授陶保平得知我多年办班刊一事后,不禁竖起大拇指:"了不起,你有这么多的学生作文,你就是研究作文的专家。"

每个周末,我的大部分时间是献给文字的。给学生的作文润色并不是轻松的活,但为了他们的成长,我乐在其中。在出班刊的基础上,我还整理挑选学生的作文给报刊投稿。这些年,学生在各类报刊上发表的文章均以每年100多篇的速度增长着,有的杂志一用就是三四篇,有的报纸还给我们开出连续的专版。仅仅8个月,我们两个初一的班级,就有90多名学生发表了处女作。

当然,我也没有搁置自己的写作,到现在为止,已在《读者》《散文》《人民教育》

《中学语文教学》《小小说选刊》《知音》《故事会》等报刊发表2000多篇文章,出版《巧克力》《棒棒糖》等九部作品,编辑《中学古文鉴赏辞典》等十余部教辅书,还成了浙江省作家协会会员、全国优秀作文指导老师、《百花园》等杂志的签约作家。我的学生在《做人与处世》《中学生天地》《语文教学与研究》《羊城晚报》等报刊发表作文1900多篇。我和学生就这样玩上了写作,相信我们会玩得越来越快乐。

以笔为枕，让日子柔软

——做个"棒棒糖"老师

王子、阿秋、秋，是我的学生给我的昵称。大老远的，他们就那样喊你——毛茸茸的风儿热热闹闹地刮，吹开了我心里的花骨朵，噼里啪啦开出芬芳一片。我和学生的关系真的好融洽。我很享受这份感情。

曾记得，沈珏同学因为发表了一篇作文，就跑到办公室当着那么多老师的面，在我的脸上"卟"了一口；为了支持我出书，才参加工作、我只任教过一年的范超群同学一下赞助了我5000元；住院一星期的曾鑫同学刚出院就急着要来看我；吴安伟同学动员全家去采摘含苞的小小野菊花，只为了滋润我沙哑的喉咙……每逢节假日，鲜花啊，书信啊，总是多得让人羡慕。

很多时候，我也在想：为什么我和学生的关系这么好？

突然，我脑中冒出了一个词：棒棒糖。也许，我是一个棒棒糖老师吧。

"棒棒"，我把它理解为很好，很棒。"糖"，我把它理解为甜蜜的教育艺术。

☆棒棒糖甜蜜之一：曲径通幽处，禅房花木深——适时送出自己的关爱。

回音壁：

1.我相信，不管世事如何变迁，秋老师永远是我最敬重的老师，最要好的朋友。

记得那一次，放学时，天空不知不觉地下起了雨。我没带雨伞，一个人走在这小巷子里。天上的雨滴，没有怜人之心，无情地打在我头上。

恰好，我那一次语文测试不是很理想，可以说是"天亦与人同哀"。我的双脚拖着身体慢吞吞地走着。突然听见身后有熟悉的声音传来，"陈璞，没带雨伞啊，我们两个合一把吧！"秋老师的手搭在我的肩上，另一只手帮我撑着雨伞。

我感到有一股暖流一涌而来，也许在秋老师的身上就有这种不可思议的魔力。就像是S.H.E唱的"你的手是最暖的围巾，呵护我度过冷的情绪；你的眼是最亮的晨星,当我陷入了困境,就会温柔指引;爱是最暖的围巾,让心更柔软也更美丽。"

(陈 璞)

2.王子既是我们的好朋友,又如邻家的大姐姐。

一个春日的下午,班主任宣布"放学"后,大家欢腾起来,一个个像挥着翅膀的精灵,三三两两地"飞"出教室。不久,王子来了,她用她那双高度近视的双眼寻找目标……终于锁定一个,王子笑靥如花,走到我身边:"静漪,你又有两篇文章获奖了哦!""真的吗?谢谢王老师!""不用谢!你就是很棒的嘛!"王子调皮地笑着,那笑声像白蓝鸽扑棱着可爱的羽翼,让人感觉四周的空气也在分享着她的快乐。

(蒋静漪)

3.初二上半学期的寒假,我从亲戚家回来后,奶奶递给我一张明信片:
"你,聪明、可爱、漂亮!相信在你的努力下各方面会芝麻开花节节高!"

看着秋老师遒劲的文字,我莫名感动。从那时起,我喜欢上了一首名叫《雪人》的歌,忧伤的曲调很适合夜阑人静的时候欣赏,想起那感动的话语,心中泛起一阵阵涟漪。窗外细细碎碎的雪花还在静静地飘着,想起一句话:"如果是一朵花,就让它开在我心里,谢在我心上,深埋在我心中。"

(包晓丹)

棒棒糖心语:

听说,有一种植物叫黄金葛,只要一点点光,你稍微赏它几滴水,它就能活出壮伟。其实,学生就像黄金葛,给他们一点点光,一点点水,就能活出美丽。而爱就是那最美的光,最纯的水,它能让学生沐浴快乐的阳光,也让师生关系融融泄泄。

记得有一年,我中途接初三毕业班。在一次随笔中,我的语文课代表王琼瑛,居然上交了6000多字的作文,历数母亲对自己的"恶行"。我在震惊的同时,进行了多渠道的了解,并与她的母亲取得了联系,她那远在异乡做生意的母亲居然在电话中哽咽了。

是的,沟通,需要从"心"开始。我安排学生召开了"让我怎样来感谢你""如何看待父母离婚"等主题班会。结合学科特点,我还布置了系列作文,如《父母的爱情》《节日的期待》《妈妈,我想对你说》等。我让学生在妇女节这天为妈妈做事,并进行登记交流;让学生问问妈妈怀孕的辛苦,并试着在肚子上绑一个大枕头走路、睡觉,体验一回"孕妇";让他们采访爸爸的事迹,了解爸爸的初中生活;让他们主持召开家庭座谈会等。同时,我也向家长提出要求,让他们多关心孩子的身心健康,每天挤出10分钟和孩子谈心,夫妻间的争吵尽量避开孩子等。

"理解不是遥不可及的云朵,它是一扇门,只要你勇敢地打开,就能看到外面绚丽的世界。而爱是一盏灯,照亮别人也温暖自己。妈妈,请接受我迟到的歉意。"琼琰终于豁然开朗。

"王老师,我们一辈子感谢你!发自内心地感谢你!"来自家长的鼓励成了我新的动力。

我不是一位出色的教师,没有什么可炫耀的资本,有的只是一颗充盈着爱的心。我喜欢送孩子们一点小东西,比如书、卡片之类。我喜欢将自己要说的话通过这种载体来到他们身边。暑假前,我常常会买上几十本硬皮抄,郑重地在扉页写上一些祝福的文字,并在每一段话语的后面签上名,盖上章,送到学生手中。每周,我都会问问自己:你爱你的学生吗?你会爱你的学生吗?你的学生感受到你的爱了吗?我想,教师对学生的爱在于细节,在于适时,在于能拨通学生心灵的密码。

☆棒棒糖甜蜜之二:常记溪亭日暮,沉醉不知归路——给自己一颗童心。

回音壁:

1.和语文老师"王子"在一起,无论笑神经怎样短缺都会变得发达起来。

有一回,她的右脸被天上来物给砸了,脸上留下了一道痕迹。我们就问她是不是被平底锅砸了。她说,她是灰太狼,善良的灰太狼。我们想起灰太狼脸上那补丁一样的大疤,觉得她真是好玩。她似乎还处在和我们一样的年龄里,是一位充满童趣的王子。

在这样的班级里,你就会像是一个小孩子,在幸福和开心中成长,且永远都不会长大。

(吕非雪)

2.我们的秋姐是一个爱提问的姐姐,经常给我们这些小小的"傻帽"出一些"高智商"的字谜。

这不,前不久又给我们出了一个题目:一个字四十八个头。哪有这种字?我们的第一反应便是这样。同学们开始积极地思考。这时秋姐又说了:"猜对奖励衣服一套。"有了这种诱惑，同学们更是活跃不已，争先恐后地跑上讲台拿起粉笔写上心中最有把握的那个字。黑板上的字真是千奇百怪，啥字都有，更有人写了个"傻"字，再在下面写上自己大大的名字。一不小心，就变成了傻某某某。

45分钟的课堂是短暂的，这个"高智商"的问题也自然留到了明天。

第二天的语文课，还没上课，卢涵就写了一个巨大的"井"字，又签上了自己以为完美的大名，等待着奖品——那一套衣服。

领奖的时刻终于到了，看他满怀期待的表情，就让人想笑。只见秋姐默不作声地拿掉身上的披肩，脱下身上的大红袍往卢涵的身上一套，还未等卢涵摸到，"刷"地一下大红袍又回到秋姐身上了，说："送王秋珍的衣服一套，这里的'套'是动词哦。"卢涵一脸遗憾，这也许就是所谓的希望越大，失望也就越大吧。

卢涵是失望了，而我们却个个笑翻在位置上了。

期待秋姐的语文课，如阳光一般温暖的语文课，期待我们班的欢声笑语，期待秋姐的"高智商"的猜谜。

（周梦寒）

3.一次上完课后，阿秋笑眯眯地对大家说："接下来我们来玩一个游戏——测测你的灵敏度！"

同学们一下就兴奋起来。她缓缓伸出了3根手指，用另一只手指着中指、无名指、小拇指，说："大家看好咯！这三个指头分别代表忘、情、水，我点到哪根指头，你就说出哪个字。"同学们跃跃欲试，根本不知道这是个大大的陷阱！

我们紧盯阿秋的手指，随着阿秋指头的移动喊道："忘！情！水！水！水！情！忘！忘！忘！忘！忘！忘！"正纳闷阿秋为什么就指着这根指头，突然阿秋大笑了几声，然后说："好乖的小狗狗们哦！"

这时，我们才发现已上当，个个脸上露出带着笑意的"愤怒"。阿秋得意地说了声"同学们再见"，满意地扬长而去。

（丁惠雯）

4.一次上课前，王子像往常一样提早来到教室，见我们个个埋头于练习中，就冲着我们做了个胜利的手势，笑着喊："同学们乖！""王老师乖！"大家齐齐地喊了起来。文娱委员金咪娜照例跑上台领唱："如果感到幸福你就拍拍手……"于是，你拍我，我拍你，教室里乐成了一片。

生活是一种淡淡的心情，王子的品格如同氧气氧化般地缓慢蔓延，直到有一天发觉我们都染上了这种气质。这种影响，真的很美妙。

总是想，王子也许有魔法吧，她总是把我们吸引！是的，我就是这么认为的，她就是一个拥有魔力的"王子"！

（蒋静漪）

棒棒糖心语：

史蒂文生在《为了青年人》一书中说："人不论活到多大年纪，都不会失掉少年时代的性情。"简而言之，每个人都应该有一颗童心。

"童心的主人，堂堂正正，心上无邪，身上无恶，形上无垢，影上无尘，不愧不怍。"（刘再复《独语天涯》）李贽则称："童心者，真心也。"一个教师失去了童心，很难真正走进学生的心灵世界。也许这话有点夸张，但教育确实是需要一点调皮，一点童稚，一点浪漫的。

《素质教育》曾载，英国南部有一所小学校，老师允诺孩子们如果摘掉"差班"的帽子，将成绩搞上去，他就去吻校外农场上的一头猪。一年后，孩子们选中了一头最大最肥的母猪，老师笑盈盈地走过去吻了它。孩子们尖叫着，跳跃着，快乐得无法形容。我们撇开这位教师的诚信不说，他绝对拥有一颗美丽的童心。

浙江大学刘力教授曾说起一件事：有一个班级，运动会得奖，学生看起来并不高兴。教师说："同学们，这是值得高兴的事。"学生听了才呵呵地笑起来。我想，这种局面的造成，教师是难逃其咎的。

我曾接过这样一个班：课堂上，学生们整整齐齐地坐着，不笑，不闹，不哭，不言。这样的"好"纪律，真让人忧心忡忡。

教育只有跳动着童心，才能焕发生命的活力。学海无涯不能永远让苦作"舟"，应当快乐地扬起个性的风帆。

节日里，我给孩子们撒上一把一把的糖；板书时，我会一行扁一行方，其中一个字特别大；课前问好时，我会冷不丁说成"同学们乖"；称呼学生时，我喜欢只叫名不带姓；学生展读作文时，我会适时地"幽"点旁白……

给自己一颗童心，拉近了教师和学生的距离，使教育教学更顺心更愉悦。

☆棒棒糖甜蜜之三：风吹柳花满店香，吴姬压酒待客尝——让课堂成为情感交流的舞台。

回音壁：

1.那天，我们正在上《蝉》这篇课文，当读到"它等了17年"这个句子时，老师对这个句子进行了讲解。话音刚落，只见张家乐的手举得高高的，老师就让他来回答。他迫不及待地说："巴西某种蝉的幼虫要在地底下待上90年，却只在地面上活两周。"

老师听了连忙拿起笔，边记边对我们说："嗯，我都不知道呢。快拿笔记下来！"同学们开心地笑了。当笑声渐渐减少，老师又添了一句："在后面写上告诉我们这个知识的'教授'张家乐的名字。"

（李　铭）

2.有一次，王老师让我们记板书，我前排一位仁兄好像走神了，迟迟不动笔，王老师好像也发现了，正看过来。我想："嗨，惨了，他怎么能在这么关键时刻走神呢？"没想到，王老师只是说："某某，你好。"同学们都会意了，那同学也尴尬一笑，埋头记板书了。

语文课，真幸福。

（胡凌超）

3.王子总喜欢把我们当作可以商量的好友。一次，阶梯教室里坐了几百人，王子要开公开课。小扩音器该装在哪儿好一点呢？王子来征求我们的意见。"这吧！""还是腰上吧！"叽叽喳喳的一定是我们这些小参谋。"哎呀，会不会显得太胖了呀？"王子的顾虑是那么直接，那么真挚。"不会！"很肯定的声音。"那，那就别这儿了！"我们的建议让王子释然。

（蒋静漪）

4.当王秋珍老师用丝巾把女儿琳婧的眼睛轻轻蒙上的时候，我有点担心，看样子，向来大大咧咧的女儿难过这道关了。

女儿琳婧能像王莉和包晓丹那样感觉出细微差别，顺利地辨认出自己的妈妈吗？王老师从人群中拉出我，并把我的手伸过去，女儿上上下下摸了两遍，找不到什么特征。我有点急，想给她一点暗示，但被王老师阻止，女儿犹豫不决，最终推开了我——她妈妈那只手。围观者的脸上立刻绽放出无声的笑。……

我由衷地佩服王老师的智慧,并感谢她的良苦用心,她要用四位母亲的手给她的学生们上一堂真实的、形象的母爱教育课,让她的学生们学会用手和心灵去触摸时时刻刻围绕在孩子周围的母爱。

(王琳婧的妈妈韦丹阳)

5. 自从遇上了王老师,我女儿整个人都变了。以前她对自己没有信心,也比较沉默,现在却像小鸟一样,叽叽喳喳的。每次周末回家,她就一个劲地讲上课的趣事。她的情绪也影响了我,我们母女的关系也越来越亲近。前不久,我还专门从乡下赶到学校,听了一堂语文课。同学们的表现真让我又惊又喜。

(蒋静漪的妈妈陆满芳)

棒棒糖心语:

"亲爱的雪畅老师,你写出了这么多文章,又是发表又是获大奖的,真的好让人羡慕。我发现,你的文章特别真,特别美。我想知道,你是怎么来表现美的呢?"

"喜欢那种留有空白的结尾。我总喜欢用自己的方式去想象那个结尾,并有意识地去模仿这种空白式结尾,不把结局局限在一种可能里。读着那种很舒服的句子,我会把它们用我自己的理解与方式串起来,根据当时的内容环境组成一个有自己味道的句子。文字是活的,你可以感受到它的呼吸,它的心跳……"

这是我班的课堂情景。一堂课里,有十几位学生当了"老师",回答了同学们有关作文的几十个问题。个性化的问题,热闹轻松的气氛给了大家很多启发和快乐。

教育家孔子的"知之者不如好之者,好之者不如乐之者",指的就是情感因素在教育中的重要作用。美国心理学博士戴尔·斯科特·里德利十分强调情感在课堂教学中的作用。他认为,应该把情感因素置于极高的位置,只有在积极的情感氛围中,才能开发学生的创新精神和创新能力。因此,课堂中建立良好的师生关系,紧紧抓住课堂交往中的"情感",建立和谐民主的课堂人际关系,能更好地激发学生求知探索的兴趣。

陶行知说:"活教育使人变活,死教育教人变死。"语文教学是活生生的,血肉丰满的,师生间的关系应该像大山里的回音,是动态的"相互主体渐变的关系"。教学中,我注意师生间心灵的沟通,千方百计地加强感情投入,让多维互动交往关系贯穿课堂。同时,创设安全的心理环境,发扬教学民主,使学生心灵开放。

课堂应该是灵魂与灵魂的对话,心灵与心灵的交流,情感与情感的共鸣。我喜欢在课堂上更多地演绎个性,演绎师生真诚的情感。这种情感的交流,能更好地开启智商和情商之门。每一片树叶都渴望在风中舞蹈,每一位学生都渴望享受愉悦的课堂。教师民主开放的教学理念,幽默生动的语言,像美丽的彩虹,牵连起教师和学生的情感。

☆棒棒糖甜蜜之四:好峰随处改,幽径独行迷——做一个让学生欣赏的老师。

回音壁:

1.骄阳似火的午后,秋老师关掉了电风扇。我不禁想埋怨老师。但看着秋老师上课的认真劲,我们也不好意思开小差了。时间在一分一秒地过去,汗水从秋老师的额上、鼻上沁出来。我的后背也感觉湿润润了。这时,我的同桌吴某某盯着窗外郁郁葱葱的树走神了。"吴某某,你好!"秋老师依然笑着。这独特的提醒方式,让人又惭愧又感激。吴某某红着脸,难为情地说:"好……好热。"秋老师继续笑着上课,却悄悄地打开了电风扇。

下午,我去交作业时,听老师们议论:"王秋珍可真不容易,每届学生都有很多作文发表,自己也写了不少文章,可她的神经性耳鸣持续了9年,连电风扇的转动声都会刺痛耳朵,听力也差下去了,唉!不容易啊!"我呆呆地站在那儿,回头时,竟看到秋老师在与吴某某谈笑风生,笑得如此灿烂。

(李翡斐)

2.我一直都以为自己是一个很了解您、体贴您的学生,做什么都不用您操心。

其实,并不然。读完了《彼岸花》,我才认清我了解的实在太少了。我不知道您那么辛苦。我甚至不知道您哪儿来的这么多时间。

您要改作业、备课、上课、听课,与家长联系得以了解学生在家的学习情况,写点儿文字,传发些文章,弄弄班刊……这些只是为学生做的。但您不只是老师,您还是母亲、妻子、女儿。扮演这些角色,您又该做多少事呢?我不知道您哪来这么多时间。

挤!您总是紧凑地过着每一天,迅速地做每一件事,准确地把握每一秒钟。

如此这般,您虚弱的身体承受得了吗?您总是时不时地嗓子疼,耳朵痛。但您在我们面前很坚强,装作一副身体不错的样子,不让我们担心。

其实这些,我们都知道。

您说,是我们让您变得年轻。真是受之不起。我们没有您想的那么棒。

王老师,从您的身上散发出的浓浓的彼岸花香一直在不断地提醒着我。在这花香的熏陶下,我们都会更加努力。小小的彼岸花也会开得更加芬芳。

（何　莲）

3.她是一个很爱开玩笑的人。看着她那股每天开开心心的样子,几乎会让人以为她在生活中没有苦难。当得知她的身体有多处疾病,而且相当严重时,可想而知,我是多么震惊。她并非没有经历磨难,她只是用自己的乐观和坚持不懈的信念与病魔斗争而已。不知不觉,我看她的眼光,带了一丝丝的敬佩。

她有着很棒的教学水平和丰厚的语文知识,曾经有人问她:"为什么要这样辛辛苦苦地教书?"她只是笑了笑说:"我喜欢教书,喜欢和学生在一起的感觉。"我为之惊讶,在这个人性被金钱埋没的时代,很少有人为了自己喜欢的事业而放弃高薪。刹那间,她的形象在我眼中放大了几十倍。

她很喜欢写作,常常看到她的文章在某某报纸、某某杂志上发表。我也很喜欢写作,但没有勇气去投稿,是王老师,让我拥有了发表文章的喜悦。

我最喜欢性格开朗的老师,古希腊著名哲学家苏格拉底曾经说过:"在这个世界上,除了阳光、空气、水和笑容,我们还需要什么呢?"微笑是人类最好看的表情,是一句不学就会的世界通用语。她很喜欢笑,笑起来的样子像朵玫瑰,声音很清爽,没有一丝丝虚伪,一点点做作,可以让你看到发呆。

她与她的学生关系很好。常常在门房看见她以前的学生写给她的信。我的姐夫也是王老师以前的学生,今年他结婚时,叫我送了喜糖来。当时,我笑道,"姐夫,你什么时候变得这么念旧了?"他只是很认真地回答:"有些人好得近乎完美,可以令你终生难忘。"

在她的影响下,我也喜欢上了秋季,喜欢这个季节适宜的温度,就如她得体的语言举止;喜欢落叶飘下来的那种姿态,一如她竭尽全力教书,全心全意为学生付出。

（单巧南）

4.王老师生性活泼善良宽容,她在课堂上用她那神奇的动作、语言、微笑把我们带进语文的世界,让我们感受爱的力量。她从不彷徨,她永远站在正义的一方。她教我们许多做人的道理。她是我崇拜的偶像。她的气质、她的才学、她的爱国精神深深影响着我们。

在我众多接触过的老师中,我最尊敬、最崇拜的莫过于王老师了。王老师有独特的风格,她的衣着、世界观以及上课的方法都别具一格。我要像老师那样,写一手漂亮的钢笔字,更要写一手好作文。哦,还要学习老师那样时常微笑、快乐地过每一天。

(卢艳红 吴 航)

5.她那小巧玲珑的嘴,随便一张便是一个生动优美、蕴含哲理的故事;她那双漂亮的手儿,轻轻拿起粉笔一挥,漂亮的字儿就在黑板上跳跃;她那婉转的歌喉,唱起歌来优美动听。总之,秋姐给我们以视觉、听觉等多方面的享受,怎能不让我们又敬又爱呢?

王老师总会教我们一些做人的道理,学完某一课后,她会充满真情地说:"我希望同学们也能有这样的精神与品质。"王老师还是一位思想很前卫的老师,明白多做作业对学生没有好处,所以总是布置一些开放性的作业。

(朱赛慈 蔡元元)

"棒棒糖"心语:

学生欣赏的,不仅仅是教师的课堂艺术,更有教师的人格魅力,教师乐观的精神状态,教师对事业的执着追求,等等。

徐志摩说:"我有的只是爱,我是一个极其充实的富人;也是一个极其空洞的穷人。我没有别的动力,我只有爱;我没有别的能耐,我只有爱;我没有别的天才,我只有爱;我没有别的方法,我只有爱。"爱是神奇,它像一种磁场,不仅能让对方感受得到,也能让自己身在其中。只要教师心中有爱,爱学生,爱教育,就一定能受到学生的欢迎,同时,享受付出的快乐。

我喜欢珍藏学生的来信,搬家的时候,我总是不忘把那一麻袋的信运来运去,空闲的时候,我就会拿出来翻翻,在学生的文字中寻找力量。

"我最亲爱的秋,或许你一直以为我是位不错的学生。现在,我要向你坦白。暑假期间,我曾犯过一个天理难容的错误。那天,只为了一块小小的豆腐干,我便和妈妈吵了一架,赌气出了家门。那一夜,我一直在徘徊,在思考。多想找你想想办法……"

这样的文字,怎能不让人感动?我想起了萍一次次往我抽屉偷偷地放苹果和润喉片的情景;想起了她在读高中期间还给我抄寄《快速作文》一书的用心;想起了她突然失去父亲的悲恸和无助……这一切的一切,更坚定了我要当一名好老师的心愿。也许,教师的生活,永远是辛苦的贫瘠的,但是,教师精神生活的丰富也不是常人所能享受的。送走一茬茬学生,就像放飞一颗颗星星,闪亮了天空,也闪亮了教师的心。

我喜欢阅读。有人说,伏天读书如饮甘露,冬日读书如偎暖炉;花前读书俨然仙翁,月下读书如温旧梦;雾重重时读书开人茅塞,雨敲窗时读书驱人寂寥;春风得意时读书平心静气,坎坷失意时读书淬砺心志;多姿多彩的日子读书以助雅兴,平淡无奇的日子读书以添风骚……朱永新教授说:一个人的阅读史,就是他的精神成长史。在阅读中积累,在积累中提高,在提高中升华。阅读和写作,给了我飞翔的翅膀。

三毛说:"生命有时候就如同一场春雨,看似美丽,但更多时候你得忍受那些寒冷和潮湿,那些无奈与寂寞,并且以晴日幻想度日:没有阳光时你自己就是阳光,没有快乐时你自己就是快乐。"虽然,生活给了我很多的不公平,身体的病痛时时都在折磨我,但我总是以最阳光的形象出现在学生面前。我想,有一种太阳是长在自己身体里的,我们完全有责任掌控它的方向和温度。教师对生活的热爱也能一点点地影响学生的生活态度。

——就这样,我愿意做个"棒棒糖"老师,享受"棒棒糖"式的教学甜蜜。

我的"棒棒糖"老师

楼彦萱

我的"棒棒糖"老师,就如甜甜的棒棒糖,初入口,便已甜到心里。

初见阿秋,那时她说了什么我已经记不大清楚了,只记住了她的那一抹笑。她的笑,似乎比我们这些孩子更孩子,不带任何的世俗情绪,看起来非常纯真,非常灿烂。

"棒棒糖"阿秋总会在细节处甜到人。

阿秋从来不会说"你们班"怎么样，总是说"我们班"怎么样。在她的心里，无论哪一班都是她爱的班级，绝不会偏袒，更不会嫌弃。

阿秋非常支持我们看课外书籍，各种各样的书都可以。有时候一天有两节语文课，阿秋必定会把其中的一节拿出来当阅读课，让我们看书。好几次，阿秋走到我身边时，看见我在看言情小说，她不会说什么，只是向我调皮地笑笑，便又走过去了。阿秋在班刊《金秋》中的文章中写到过，她小的时候，也是一个爱看言情小说的女生。这颗"棒棒糖"上，还带着一点少女的粉红色呢！

记得我们去横店春游，买了几只顶在头上的小鸡夹子，正当我们玩得开心的时候，阿秋走了过来，本以为阿秋会叫我们不要乱花钱，没想到她说："哇，好可爱啊！"然后就问我们是在哪里买的，兴冲冲地去买了好几个夹在头顶上。头顶小鸡的阿秋后面跟着我们这群顶着一堆小鸡的学生，远远望去，就像一只母鸡带着一群小鸡出去游玩，真是好玩啊！原来，"棒棒糖"老师的心里，也住着一个小屁孩儿啊。

"棒棒糖"阿秋总是那么的棒！

阿秋的身体其实并不好，可她依旧开开心心地过好每一天，依旧帮我们改文章，依旧在为自己的目标奋斗着。记得刚上初中的时候，班上的同学写作文都很差，我也不例外，是阿秋，帮我们提高作文水平，每天认真地给我们上课，每周拿出几节课来让我们看书，总会定时给我们上作文课，教我们各种写作文的技巧，激发我们写作的热情。久而久之，班上的同学写作水平都有了显著的提高，直到现在，两个班的同学都已经发表过作文，这都是棒棒的甜甜的阿秋老师努力的结果啊。"棒棒糖"阿秋果然很棒！

这就是我的"棒棒糖"老师，我妈经常在我耳边说："你是多幸运，才能遇到这么好的一位老师哟！"

而我，也时常在庆幸着。

最荒诞的故事

王秋珍 金奕霞 楼天宇 吕圣玮 韦凌雲 陈思进 郭俊含 张业成 徐嘉仪 卢钰鹏 徐佳慧 胡俊杰 楼康乐 金晗笑 张家辉 包晓勇 杜郑雨桐 石宇萱

有一天,一个商人行走在乡间的小路上,遇到了一个农夫。跟大多数商人一样,这个商人也贪得无厌,正为没挣到钱感觉不爽。

农夫望了望穿金戴银的商人,牵着牧牛走到商人跟前,把一只带着泥巴的手搭在商人的皮革衣上:"嘿,大老板,有啥事惹您这么不开心?"

（王秋珍）

商人一脸厌恶地推倒了农夫,并打量了全身黝黑的他。本想教训他弄脏了他的皮革衣,但出于农夫一声"大老板"带给他的虚荣心,他扯了扯领带,整理好装束,沮丧的心瞬间开心起来。出于惩罚,他将农夫的牛带到半山腰的溪边放走了。

（金奕霞）

被推倒在地上的农夫看到他的牛被放走了,准备去追回来,但牛已经跑了老远,农夫觉得没有希望追上了,就回头找商人理论,想让商人赔钱。商人用不屑的眼光看了他一眼,说:"不就是一头牛吗,用得着赔吗? 一看你就没赚过大钱,这样吧,你跟着我,我带你去外面赚钱。"农夫想反正牛被放走了,也种不了田,就答应了。第二天一早,他们便踏上了去外地的路。

（楼天宇）

商人坐在由雪绸金丝披挂而成的马车里,他一边打量着这个农夫,一边在心里打着小算盘。这次可一定要好好赚一笔,上次竟然空手而归! 农夫第一次坐如此豪华的车,内心带有一丝丝小激动。马夫驾车技术很好,两匹马也是宝马,一路上颠簸很小,虽不习惯,但也适应得了。农夫撩开车帘,已经到地方了。

（吕圣玮）

这是一个金碧辉煌的地方。走下马车,站在门口,看着偌大的大门,门口站着两排门童,身穿统一的制服,看上去十分整齐。商人走下马车,跟车夫说了几句,车夫便走了。商人走到农夫面前,用手整理了一下他的严肃装容,扯了扯领带,说道,走吧!走过门口的时候,两排门童整齐地微微鞠躬。商人带着农夫往里走。一路上,农夫跟在商人后面,不停地打量着这里的一切。终于,他们走到了一间办公室门口。

(韦凌雲)

走进办公室,农夫不禁咂咂嘴,心中暗道:大老板的办公室果然够气派。商人在农夫参观办公室时,拿出了一份合同,嘴角画出奸笑的弧度,说:"这是你的合同,薪水先不定,看你表现了。"农夫接过合同,快速地浏览了一遍,便签上了自己的大名。老实巴交的农夫当然发现不了其中的细小漏洞,还满脸欢喜地看着商人。商人无奈地摇摇头,说:"瞧你这副德行,你的吃穿住行我已经为你安排好了。回你的房间去吧,门口有人会带你过去的。"农夫在那人的带领下来到了自己的房间。一打开门,脸上的笑容瞬间凝固,空荡荡的房间里只有一张床。

(陈思进)

这是一张令人看了直打寒战的床,那注定是一个不眠之夜。农夫整夜都把心提到了嗓子眼,生怕整张床会瞬间崩塌。

第二天一早,商人就派手下把农夫叫醒,并带他来到了一个很荒凉的地方。这是一个没有树木,没有花草,只有一些巨型机器的地方。在这里有许多大地洞,机器不断地从中挖出许多黑色的东西。农夫仔细一看才明白:原来商人是做煤炭生意的。

(郭俊含)

农夫以前听说过煤,但不知道煤是干什么用的,所以趁老板去上厕所的空当,从煤堆里捡起一块煤品尝了起来,越吃越难吃。一开始还没什么事,过了一会儿,他便捂紧肚子,头冒冷汗,昏死在了地上。商人见状,赶紧把农夫送到了医院。商人认为农夫中毒不关自己的事,没有必要为此花钱。于是,商人丢下农夫走了。

(张业成)

医生把农夫抢救了过来。医院向农夫要巨额的医疗费,农夫实在付不起费用,就找商人要。农夫来到商人的办公室前,敲过门走了进去,"老板,医疗费你帮我付一下吧,我会还你钱的。"商人不屑地瞥了一眼农夫,说道:"我没有义务来支付你的医疗费,况且你旷工了那么多天,还有脸回来,你给我滚出去。"农夫看商人不同意,只好先回去。

(徐嘉仪)

当农夫回到自己简陋的小屋后,突然想到,自己和商人不是签了合同吗！商人应对他负责。次日,农夫又来到商人办公室门口,当他拿出合同向商人索要医药费时,商人却以种种理由为借口,打发了农夫。农夫又一次回到了那辛酸的小屋。但在他的小屋里,不止一张床了,还有那些催讨医药费的人。

(卢钰鹏)

筹钱的过程中,他认识了一个和他遭遇相同的人,那个人借给了农夫钱让他去还医药费。后来,他们联合起来去找商人的犯罪证据。功夫不负有心人,他们找到了商人偷税、漏税和虐待员工的证据并交给了公安机关。但因为证据不够充足,再加上商人人脉很广,这件事很快被他花钱消灾搞定。可农夫和那个相同命运的人就没那么幸运了,商人知道是他们搞的鬼后,就花钱雇人把他们绑架到深山。

(徐佳惠)

在深山里,一辆不起眼的小车开了进去。大概开了十几分钟,几个凶悍的人从车上拎出农夫和他的朋友,把他们吊在树上,然后坐上车,绝尘而去。过了良久,农夫首先清醒过来,看到这般环境,不由得吓了一跳。此时他的朋友也醒了过来。经过一番讨论,他们认定了一件事,商人要杀人灭口,把他们吊死在这里。农夫不禁吓得晕了过去,而他的朋友也在不停地喊救命。可是,他的声音越来越小。渐渐地,他们失去了意识,却在闭眼的时候看见了七个着装不一的小矮人。

(胡俊杰)

七个善良的小矮人见状,救下了他们。等到他们醒了,七个小矮人便问他们怎么会出现在森林里。农夫把整件事都说了一遍。"原来你也是那个煤厂的工人啊！"老七跳出来说。农夫一脸惊讶地望着他们。老大走到农夫身边说:"我们也是那个煤厂的工人,要不是为了生计,才不去那个煤厂呢。"

这时农夫的朋友眼前一亮,高兴地说:"不如我们里应外合,一起找那个煤老板的罪证。"七个小矮人和农夫互相望了望对方,一起点头……

(楼康乐)

"咦,这是什么?"农夫突然发现在他面前,有一块无色透明的石头,在阳光的照耀下,折射出七彩的光辉。农夫拾起那块石头,不由得愣了一下。

在天地还未分开时,有一种为数不多的狐,它们不像小说家笔下优雅的白狐狸,它们是真丑,一身深浅不一的红毛,像被染坏了的红绡,天生只有一只耳,三条腿,这种狐,被称为"绡狐",它们最大的魅力在于欣赏,欣赏世上一切美好之物。对于自己能来到这个世间看到无数比自己美丽的人和物,充满感恩和喜爱。它们那双透明而没有颜色的眼睛,容不下任何嫉妒与邪念。当绡狐的生命结束时,它们的身躯会化成一团火焰,在绚烂中归于虚无,但那一双眼睛,会化成无色透明的石头,遗落在这个世界上任何一个角落。这,便是绡狐眼,欣赏是它唯一的石语。

这段文字缓缓地出现在绡狐眼上,农夫凝视着它,久久不语。

(金晗笑)

农夫把石头带给小矮人,小矮人从古书上得知这绡狐眼很值钱,可以卖到上千万元。

小矮人对农夫封锁了这个消息,想将绡狐眼占为己有,骗他这是厄运之石。农夫听信了小矮人的话,将石头扔出窗外。

而小矮人触动了邪念,在绡狐眼的注视下,小矮人们失去了知觉,被禁锢在透明石中。

农夫没有发现小矮人,却发现绡狐眼似乎变大了。

"这将是真正的财富。"这是石上的一句话。

(张家辉)

农夫不知道小矮人去哪了,绡狐眼的变大让他很奇怪,农夫捡起绡狐眼想再次研究看看。在古书里,农夫知道了绡狐眼的价值,就和朋友决定把石头卖了,之后拿钱去找律师告煤炭商人。

在一座卖煤炭的工厂里,商人在桌前走来走去,一脸忧虑,因为刚刚他的手下告诉他,有人在市场的拍卖会里见到了本该死去的农夫。商人很害怕,害怕去坐牢,害怕在冰冷的牢里度过一生,所以他再次预谋一定要将农夫杀了。

(包晓勇)

这天,在古玩市场,农夫和他的朋友逛来逛去,问东问西,想讨个好价钱,把石头卖了。然而，可能是没有人认识这上古奇石，商人们和古董家都是只看了一眼就把他们赶走了。他们垂头丧气地坐在一棵大树下，抽着烟，唉声叹气。

就在这时，远处几个人跑了过来，一脸凶相。

农夫定睛一看，第一眼只觉得有些眼熟，转念一想，这几个人不就是商人的手下吗！

"哎呀，坏了！"

（杜郑雨桐）

恍惚间，一个刀疤纵横的大汉便来到了农夫面前。农夫面色发青，方寸大乱，从树下折下一根枝条就往大汉身上挥去。如同搔痒般的鞭打对大汉毫无伤害。他轻蔑地看了一眼农夫，手摸腰上的枪，抬手，一颗子弹就箭似的射了出去。农夫脸色苍白，握着绡狐眼的左手掌隐隐出了些许汗。一股热量从手心传来，农夫感到绡狐眼在手中越来越烫，在子弹射中他的前一秒，一道耀眼的白光闪过，让所有人都不自觉眯了眯眼。

与此同时，商人正在家中吃饭，突然眼前一花，他揉了揉眼，手中的碗便掉到了地上。他看见了农夫和那些自己花钱雇来的打手，他看见了法庭上法官严肃的脸和放映机上他的种种罪行，商人顿时感觉天旋地转，昏死在法庭上。

原来，那石头还有传送录像的功能，在千钧一发之际，绡狐眼把农民和商人带到了法庭。后来，商人被判了无期徒刑，农夫回到家乡，精耕细作，绡狐眼因能量耗尽变回了原形，被农夫带回了家。

从此，一人一狐，一田一屋，好不惬意。

（石宇萱）

笨笨的母亲

王秋珍

母亲真的好笨。

我想给她买个手机,她极力反对。我知道,节俭的她自然会心疼钱。后来,我买了新手机,把旧手机给她,好说歹说她就是不要,还被我的执拗去起了小火星:"说不要就不要!我用不来!"于是,只要母亲不在家,我就很难确定她在哪里,情况怎么样。一次,她好久都没回家,我一路一路瞎找,心里直埋怨:这个笨母亲!

去年,我写稿子被奖了一台豆浆机。我一遍遍地教母亲怎么用,母亲就是不会。那么简单的几个键,在母亲眼里,居然是无法攻克的堡垒。我的手指头按上去,键有反应;母亲的手指头按上去,键居然无动于衷。唉,这个笨母亲!

炒菜时,母亲常常把老抽看成料酒,把菜烧得面目全非。煎鱼的时候,不是把手烫伤了,就是油溅到了脸上。一个个烫出来的包啊,亮晶晶的,好瘆人。我叫她躲闪,她却说,哪里来得及呀。唉,这个笨母亲!

春风熏暖,花红草青。我请母亲给我们仨拍张照片。我们的照片,总是单人的双人的,三人的很少。母亲很为难地接过我的相机,手颤颤的。这是一架数码相机,人称傻瓜相机。我把它调好,告诉她按下那个键就行了。我们仨把笑容凝固在脸上,久久地,却不见母亲按键。我催她,她说:"没看见头啊,头到哪里去啦?"唉,这个笨母亲!

日子,就在笨笨的母亲手里一点点地滑走了。

有一天,母亲告诉我,她去小店的路上摔了一跤,假发也飞了出去。她满头白发跌坐在地,怎么也站不起来。后来是谁和谁一起努力才把她扶起来的。

"近来老是摔,老了。"母亲淡淡地说,好像是在讲一个久远的和她无关的故事。

赶紧强迫母亲去医院。一去,就住了院。

母亲得了中风和糖尿病。母亲的眼睛还得了白内障、黄斑病变、结膜炎等多种疾病。

母亲以往患有高血压和脑梗塞等病。医生说,长期吃药有副作用,行动会迟缓,人会变笨。中风更是如此。

可是,母亲一直在为我们忙碌,忙碌。

她的女儿正在一天天地嫌弃她,嫌弃她变笨了。

想当年,母亲是多么聪明的一个人啊。她补的衣服,针脚均匀平整,像缝纫机踏出来的;她做的麦秆扇,边缘有漂亮的狗齿花边,扇起来连风都带着清香;她纳的鞋底,结结实实,怎么蹦都磨不破;她做的玉米饼又薄又脆,她做的三角串口齿生香……

隔着遥远的时空,我恍然看见,当我蹒跚学步时,母亲在前方张开翅膀一样的双手护着我;当我摔破了家里宝贝一样的碗,母亲说,不要害怕,人没事就好;当我怎么也写不平"一"字,母亲手把手教上一遍又一遍……

母亲从来没有嫌过我,即使那时的我很笨很笨。

如今,母亲变得越来越笨,可她付出的爱一点都没有少。她老是担心我的身体,叫我少做点事情少写几篇文章。她会步行好几站路给我去买核桃,只是希望我吃了后,耳朵和腰能好一点点。自从我膝盖疼,她老是对我说,衣服由她去晒。而晒衣架在四楼。

她像一个勇士,总是冲锋陷阵在最前面,全然不顾自己。她的脚老是肿起来,按去还有一个坑,走一点路就会发软。自从得了中风,她的腿脚更是不听使唤了。可是在爱面前,什么都能被母亲像灰尘一样轻轻掸去。

原来,这个世上,从来没有笨母亲。

妈妈的口头禅

李嘉懿

小时候,妈妈经常指责我:"你呀,真是太淘气了,净给我惹麻烦!你看看你表姐,不仅学习好,还常帮爸妈干家务。你什么时候能让我省点心!"妈妈的叨叨声,灌得我耳朵满满的。哎,那个叫"表姐"的人莫非是神一样的存在?我不知道该去羡慕她,还是嫉妒她?

有一回，我不小心打伤了同学，妈妈被老师叫到了学校。哎，回家妈妈一定又要拿表姐来说我了。不过这次我可不能示弱，得想一句话来反驳她！过了几个小时，一天的校园时光终于结束了，我和平常一样回到了家，居然没有因为要被指责而不安。果然不出我所料，妈妈又抛出了她的那句口头禅。这时我把想好的话像子弹一样嗖嗖地射向妈妈："拜托，不要老拿表姐来说我，既然你对自己的孩子那么没有信心，当初为什么要拼死拼活地把我生下来？请你以后不要用这句听得我耳朵都'生病了'的话来激励我！"

说完了这些话，我顿时觉得心情舒畅了许多。我转身回了房。

吃晚饭时，我发现妈妈变了。以前，她总会让我吃这吃那，但这一餐她显得格外安静。我知道这完全不属于她的风格，心中添了几分不安。妈妈吃完饭后就回到了自己的房间，我随意地翻了几页书也回自己的房间了。

次日，我吃早饭的时候，突然发现妈妈的眼睛红肿，脸色有些苍白，平时那双明亮的眸子也显得神情涣散。我想她昨晚一定因为我的话彻夜未眠吧。我说的话的确有点伤人。

妈妈的反应让我有些内疚。看来，以后我不能再让她这么操心了。从此，我就下定决心要把学习成绩提上去。每天放学回家，我就赶紧把作业做好，并认真地检查几遍。完成学校里的作业后，我还会把同步的练习做好。周末的时候，我会抽出时间来帮妈妈干家务活。

功夫不负有心人，经过努力，我终于成了全优生。正当我要告诉妈妈这个好消息时，听见妈妈正在对弟弟说："你呀，真是太淘气了，净给我惹麻烦！你看看你姐姐，不仅学习好，还常帮爸妈干家务。你什么时候能让我省点心！"我不禁觉得这句话有些耳熟。咦，这不是妈妈念叨我的那句口头禅吗？什么时候，我升级为女神了？

原来，妈妈的口头禅不仅仅是一种指责，也是一种激励的方式，它更是一份特别的母爱。

借读生黄秋葵

王秋珍

城里的学校真的不一样。

黄秋葵惊讶地发现,这里的课桌没有洞洞,张张闪着黄色的光泽;这里的地面平滑无比,简直能照出人影;这里的学生都穿着一样的服装,那叫一个齐整!

黄秋葵兴奋得梦里都唱歌。尤其是,当她知道自己也可以穿上校服!

校服是世界上最好看的衣服。穿着校服,黄秋葵觉得自己融入了这个学校。

同桌汤一蝶不喜欢穿校服。她把校服穿在里面,外面套一件漂亮的小外套。到了学校,在老师利剑一样的目光里,她把小外套慢慢地脱了塞进那个时尚的书包。有一次,她故意不穿校服来学校,一路想好了理由:两套校服搁一起洗了,没干。可这理由还没机会向老师展示,门卫那就把她拦住了。"不穿校服不许进学校!"门卫的声音有着不容置疑的力量,再加上他那庞大的身躯、石头一样的神情,汤一蝶只得投降。

当汤一蝶骄傲地讲起这些的时候,同学们很是敬佩,大家嚷嚷着:"什么校服啊,我也不想穿!"

"我倒觉得穿校服挺好的。你呀,别挑剔了。"黄秋葵不合时宜的话招来了一对卫生球,像飞镖一样砸在她身上。"飞镖"的主人,自然是汤一蝶。

作为一个爱美的女孩子,还有比一大堆漂亮的衣服在家休息更悲催的事情吗?

素朴的黄秋葵并不理解。

两人居然两星期没有说话。确切地说,是汤一蝶不屑于理她。

一次午睡醒来,黄秋葵的后桌突然大笑起来。马上,很多很多的笑声像潮水一样涌动。汤一蝶也在笑,一边笑一边说:"土鳖!"

黄秋葵蓝色校服的后背上,赫然画着一只黑色的鳖。

谁都想看看这个乡下女孩发怒的脸,想免费看一场豪华版的好戏,谁知黄秋葵也笑了起来,笑得坦坦荡荡,笑得没心没肺。等到笑够了,黄秋葵来了一句小结:"谢谢赏赐。土鳖好,营养丰富。我喜欢。"

那上翘的嘴角,宛如一叶可爱的小舟。

日子,好像也突然可爱起来。不知什么时候,汤一蝶和黄秋葵说上悄悄话了。有时,她还会从家里带个红红的苹果,放在黄秋葵的抽屉里。

那天,按汤一蝶的话来讲,注定是个灰色的日子。操场上空,有一朵云,黑灰黑灰的,形状像大灰狼。汤一蝶看着它,在体育老师的目光下,和同学们一下一下地深蹲。突然,哧啦一声,汤一蝶只觉得有风从臀部溜进来,她的裤子尴尬了。

"老师,我肚子疼。"汤一蝶皱着眉。

"老师,我的肚子也疼。"黄秋葵的手捂着肚子。

年轻的体育老师最见不得女生有状况,手一挥,两人就离开了操场。

"我衣服长,能遮住裤子。再说了,我妈缝缝补补可厉害了。"黄秋葵非常坚持。

"不行,不行。"汤一蝶连连摆手。

几分钟后,两人在卫生间交换了裤子。

"咱们的校服针脚疏得可以溜羊,布料塌得像熟柿子。还真的需要改进啊。"黄秋葵嘴角上扬,像一弯月儿。

"是啊,贴着膝盖和屁股,好没型啊。"汤一蝶拍拍臀部说,"关键是还漏风。"此话一出,两人大笑起来。

晚上,妈妈拿着黄秋葵换下的裤子,边缝边问:"咋回事,吵架啦?""你女儿是同学有难,拔刀相助。"黄秋葵绘声绘色地把换裤子的事情说了一遍。"好啦,别嘚瑟了,快钻被窝里去。你几次三番地脱来脱去,感冒了可就坏事了。"

果然。次日上午第二节课时,黄秋葵感觉越来越冷,连书本上的字都在摇曳。又一股寒意袭来,黄秋葵紧了紧校服,却听见牙齿颤抖的声音。

"穿上吧。"汤一蝶将校服递了过来。接着,前后桌的同学也将校服递过来……

最终,黄秋葵不再颤抖。她的身上,穿了四件校服!

回家时,黄秋葵在校服右边的口袋里发现了一张天蓝色的纸条。那字迹一看就是汤一蝶的。黄秋葵看着看着,嘴角又往上翘了起来,宛如一叶可爱的小舟。

校服的记忆

严 寒

青春像奔放的河流,熏风拂过,水面泛起点点涟漪。是谁在风中奔跑,是谁在风中歌唱,向着幸福的远方! 感谢有你,伴随着校服以及校服上温暖的回忆,书写出我青春的美丽篇章。

周末的早晨,阳光温暖地斜射进来,像狗尾草轻抚人的脸庞。万物充满了勃勃生机和爱的味道。我把穿了几天的校服换下来,给妈妈洗。

要洗的衣服不多,又是在夏天,妈妈就用手洗。阳光照在洗衣板的上面,反射出刺眼的光芒。妈妈先把洗好的校服浸在水里,照她的经验在水里放了一点盐。校服的质量不好,很容易褪色,水被染成了蓝色。妈妈把校服拧干,校服就变成了一坨一坨的,全部皱在一起。

过了一个小时,妈妈终于把校服洗好了,太阳光也越来越热烈了。只见妈妈的头上已经冒出了一丝丝的汗液,衣服上也有些地方被水给溅湿了。妈妈把校服装进了脸盆里,端到四楼晾干。

晒衣服的架子是用木头做的,用的时间长了,就在晾干的过程中褪色了,把校服上一块白色的地方染成了黄色的,穿起来显得有些难看,也让人觉得有点别扭。妈妈见了,心里很不安,老是念叨着:"怎么那么会褪色呢? 真是难看极了。"

挨到了星期三傍晚,妈妈迫不及待地叫我把校服脱下来,决心把校服上黄色的污渍洗掉。她用水洗了很长时间,但效果不是很明显。衣服上黄色的污渍怎么洗? 妈妈又去请教度娘。取柠檬水浸泡、涂牙膏、打一层厚肥皂等,妈妈马上行动。清洗时,妈妈在脏处均匀地涂上一层牙膏,用毛刷轻轻刷上几分钟,再按常规用肥皂搓洗。校服慢慢变得干净了,在水的浸泡下就像刚发下来一样。为防止衣架褪色,妈妈用晾衣架把衣服倒着晾晒,就不会再染上这种黄颜色了。

如今,每次穿起特别干净清爽的校服,我的眼前就会浮现出妈妈帮我洗校服的情景。

"你入学的新书包有人给你拿,你雨中的花折伞有人给你打,你爱吃的三鲜馅有人给你包,你委屈的泪花有人给你擦……"

耳畔响起若隐若现的歌声,我回过神,微笑着在电脑上敲下几个小字:爱可以有千千万万种,母亲的爱,是最无私的那一种。校服的记忆,一首动人的爱之歌。

作文诊治课更要有人文关怀

草长莺飞的日子,东阳市组织了一次全市的语文教研活动,开出了9堂作文会诊会治课。9堂课,给语文教师们很大的启示与帮助,对本来非常模糊的作文诊治课有了全新的了解,也确立了一定的模式。老师们对如何上好该课型充满了信心与期待。

因为摸索,所以可贵。本文旨在通过一点点的思考,来唤起大家更多的思考。

最有发言权的是文章的作者

案例1:教师给每位学生发了一篇要会诊会治的作文,由小组讨论该文存在的问题,并展示问题,说说应该怎么修改,再让学生抓住某一点动笔修改。自始至终,文章的作者没有发言。

思考:医生给病人看病,需要望闻问切。也就是说,病人的陈述是医生诊断病情的依据之一。作为作文会诊会治课,顾名思义,要先会诊,收集各方面的信息,找出毛病所在,然后是会治,有针对性地开展治疗。

假定一下:病人肚子痛,医生在问病人,边上的人七嘴八舌地揣测说,可能是痛了一天了,可能是螃蟹吃多了,可能是痛得很厉害。这不是笑话吗?

因此,我们不应该也不可能代替病人。在这节课上,我们发现文章的作者为文态度认真,也有一定的表达水平,相信他一定能带给我们一些全新的东西。为什么不问问他当时的心理呢?为什么不让他说说写这件事的缘由呢?诚如苏霍姆林斯基所言,成功的欢乐是一种巨大的情绪力量,是继续学习的一种动力。在这"治病"的课堂上,我们容易营造出太多的苏打粉的气息,给人压抑感。而充分尊重学生,让其自然地介入"治疗"的过程,是一种积极有效的手段,它像一针催化剂,使学生舒心。即使文章中有很多缺点,学生也知道是在帮助他,从而避免消极情绪,促使他向着好的方向努力。

亲切真诚是对话的前提

案例2:小组讨论后,学生纷纷发言。生1:这篇文章内容空洞、老套,比如……生2:我觉得它的过渡不自然,应该改为……生3:这篇文章语言不生动,人物描写不具体,结尾太平淡……

思考:课堂作文的会诊会治,无非是通过一篇或几篇作文的评价指导,帮助文章作者以及更多的学生懂得如何写,如何改,并激起大家推敲斟酌的热情。实际上,课堂的意义不在批评学生,而在唤醒学生,唤醒他们的态度以及心灵。当然,我不是说,我们不应该指出孩子文章中存在的不足,而是说,作为我们的课堂对话,我们是不是可以做得更亲切一点?

课堂是智慧交锋的舞台,更是合作交流的平台。在对话中,我们总是习惯于将评价指向老师,而不是被评价的对象,从而使生生之间缺乏"我—你"交往的合法性。其实,每个学生都应该有"同在共行"的立场、思维和表达方式。"同在"就是设身处地,站在对方的立场将心比心地理解对方。"共行"就是将对方的问题当成自己的问题。我们完全可以采用"某某同学,你写的……假如我来写,我会……"的方式,既尊重了对方,又给自己一种和谐参与的机会。它的意义在于,你拿出了你的"炒鸡蛋",我说说我的"荷包蛋",让我们在比较学习中共同进步。

每个学生都希望自己是成功者,都期待着收获肯定和赞赏。《积极对话的力量》一书的作者说:"课堂上最大的障碍就是'我学不会'的想法。"在作文诊治中渗透人文关怀,关注学生的精神世界,也许比修改本身更有意义。

要关注作文折射出的情感

案例3:该节课一起诊治的文章是《幸福的涩与甜》。其中有一部分文字如下:

今天,食堂里的菜一点也不好吃。我正准备抬头走时,突然看见了妈妈。妈妈个子比较矮,她的目光越过一个个高大的背,直射向了我。

她看到我在看她,笑了。

我吃着妈妈做的饭菜,一股酸涩涌上心头。妈妈有胃病,现在一定饿着。

思考:这篇文章的问题被我们的学生一一发现。我们真的很感谢老师的付出和学生的努力。我想如果我们经常这样训练,学生的眼光、思维不知会敏锐多少!

只是,我觉得,有的时候,我们会不知不觉变成很厉害的医生,拿着手术刀,东割西补,恨不得把所有的脏器都给换了,换出一个自己心仪的孩子。却没有发现,站在我们面前的是一位很可爱的孩子,他需要我们的关心与肯定。是的,当我看这篇文章的时候,我被作者和母亲之间的情感打动了。就像上面的文字,没有华丽的辞藻,却分明写出了一个孩子对母亲的感谢,一位母亲对孩子的关怀。我的眼前,仿佛出现了该校食堂中母子相见的情景,它像电影的特写镜头闯入了我的脑海。遗憾的是,整整一节课,我们听不到对文章的肯定,尤其对这份情感的肯定。

几天后,为了了解学生真实的情感,我通过电话找到了文章的作者。老师告诉我,你要有心理准备,他可能什么都不会说的。

这位叫吴俊诚的学生告诉我,他觉得很幸福,妈妈对他很好,他很感动,送饭的事情完全是真的。一个会表达的孩子。我相信,他的心里有着很多很多的话。对我这样一个素不相识的外校老师,他说了3个"很",说出了他的内心。这就够了。

可见,在作文诊治中,先不要急着下判断,说什么材料不够新,文字不够美。古人云:"文贵真,人贵诚。"还有什么比真诚的情感更打动人? 因此,我们更应关注文章中折射出的情感,以及文章背后的情感。

总之,我非常感谢我们的9位老师,感谢他们的勇气以及探索的精神。9堂课,给我们全市的作文教学吹响了号角。我相信,只要我们本着人文关怀的原则,在多角度的审视中,关注学生作文中反映出来的飞扬的个性和积极的情感体验,我们的作文教学一定会迎来更加明媚的春天!

阅卷归来话作文

本次金华市"群星"杯作文竞赛,是以"小溪和小树"为话题,这与以往以一个事物或一个场景的写作大大不同,不少同学受到了强烈冲击,写出的作文连自己都不满意或者说心里没底。归结起来,有以下三个方面的情况。

不足呈现:思想错误,感情虚假。

在本次作文中,不少同学以童话的形式展现小溪和小树之间的故事,撇开新意不说,这自然未尝不可。但思想情感是必须正确的。有人写道:"亲情是一棵小树,不能为你遮风挡雨,驱走炎热;亲情是一条小溪,不能为你冲刷心灵的尘埃。"有人写道:"小树死了,小溪去找凶手,原来是人类。小溪就想办法让自己变强大,把工厂啊,人啊全冲掉了。看着这些,小溪舒坦地笑了。"有人写:"小树为了大家的安全和小溪的水质,被活活淹死了。"有人写:"过了一些年,大树即将死亡,临死前,大树嘱托小溪好好照顾他的儿女,小溪含着泪答应了。"有人写:"小树想和小溪交朋友,小溪的眼中泛着狡诈的光芒。"有人写:"小树不去远方,死了。"

太多,太多了,我不便一一罗列。

解答:作文,是芦笛的声音。

有人说,人是一根会思考的芦苇。那么,作文就是芦笛的声音。朱绍禹先生在《中学语文概括》中明训:"允许说空话,说假话,放弃文风问题不管,就是从根本上丧失了做人的价值,其危害远远超出作文的范围。""真实的东西才是最美的。"(罗曼·罗兰)在以上例子中,部分同学的思想或幼稚化,或片面化,甚至根本不符常理。试问,亲情到底该表扬还是批评?能要求小树像小溪一样奔向远方吗?小溪冲掉了工厂和人,我们能舒坦吗?可见,下笔之前,我们务必谨慎思考:我这篇文章到底要表现怎样的主题?我的主题正确吗?健康吗?

不足呈现：内容空洞，泛泛而谈。

大段大段的议论描写，却不知到底写出了什么。冲进我们眼帘最多的是呼吁词："人类啊，该醒醒了，再不重视环保，地球就要毁灭了！"

解答：作文，打开积累之门。

冰冻三尺，非一日之寒。骐骥千里，非一跃之功。据说，蒲松龄为写《聊斋志异》，常设茶缸在道旁，"见行者过，必强与语，搜奇说异，随人所知"，正是这种闲聊，使他积累了大量的创作素材，写出了这部"写鬼写妖""刺贪刺虐"的"孤愤"之书。积累，乃作文的前提。平时，我们的阅读、观察、实践，都是积累的途径。

汪颖同学结合一位位名人的追求以及席慕容的那句"生命是一条奔腾不息的河，我们，就是那个过河的人"来串起《忘记 铭记》的主题。在语言的表现上，也很见张力和积累之功。如："你说，生命在于流动不息，将一切忘记，永远向前；我说，生命在于静静回首，将一切铭记，悄然回忆……""流水是小溪的歌唱，是快乐的音符在林间荡漾。落叶是小树的叹息，是忧愁的语言在流水中盘旋……"等。

有的同学写在游泰山时，看到小溪小树，想到了母亲；有的同学写："一条小溪，勇往直前地奔流，是因为爱使它义无反顾；当初的她，无忧无虑，是因为有奶奶的爱在包围着她。今后的她，将会带着奶奶的寄托，寻找美好的明天。"有同学写："春风轻抚柳梢，摇曳着春对大地的爱；溪水浇灌小树，是溪水对小树的情深；漆黑的夜里，那双如皓月般纯净深情的，是母亲对我的疼惜。"是的，亲情，是我们最熟悉最有体验的，寻找几者之间的相似点、感情共鸣点，文章自然就有了实实在在的内容。

还有的同学，调动了平时的阅读积累，写下了以"出发""生命""梦想""执着""成长"等为主题的作文，展现出丰厚的储备库。

不足呈现：人云亦云，失去自我。

很大一部分同学，写了环保的主题，连情节和文字都像克隆。先写小树和小溪快乐地生活着，再写在环境的破坏下，小树干枯了，小溪干涸了。而题目，一些同学干脆取成了"人类醒醒""合作竞争""竞争为了什么""小溪和小树的伟大"等。

解答：作文，莫奏前朝之曲。

要写出新意，避免流于一般，首先在审题上要摆脱思维定式，着意求新，要对话题进行分析，找出直观的立意，予以回避。在此基础上，分析话题蕴藏的意义，以此作为构思的起点。比如，在该话题中，我们可以找到小溪和小树的共同点：不懈地追逐梦想，一个向前，一个向上；选择出发，前者的目标是大海，后者的目标是蓝天。处理时，可取其象征义，写出具体的故事。同时，感情上要真挚自然，切忌矫揉造作。《礼记·乐记》云："情动于中，故形于声，声成文，谓之音。"感情是作文的激活力和创新点。有位同学以"多走一步"为题构思。"小树说：为什么你知道的总是比我多？小溪说：因为我比你多走一步。""无数个拐弯终于练就了小溪矫健的身体。"这样的文字，无疑是清新的。

同时，我们也不能一味追求创新，而丢了文章的"根"。有个别同学写成了辩论赛，整个语言和结构都显得非常幼稚。老师们甚至一看开头就开始摇头叹息。有位同学写：主持人小溪，参赛者松树、梧桐树、广玉兰。有位同学干脆写小溪和小树到羊博士家去辩论。

当然，难的文题更见作者的写作功底。这次批阅，我们也发现了一些非常成功的作文，老师们都不由自主地摘记、交流。

感悟生活，创新作文

早在20世纪30年代，著名教育家叶圣陶就曾言："写文章不是生活的点缀和装饰，而就是生活本身。一般人都要识字，都要练习写作，并不是为了给自己捐上一个'读书人'或是'文学家'的头衔，只是为了使自己的生活更见丰富，更见充实。能写文章算不得可以夸耀的事儿，不能写文章却是一种缺陷，这种缺陷跟瞎了眼睛聋了耳朵差不多，在生活上有相当大的不利影响。"(《文章例话》)确实，生活是写作的源泉，写作是生活的需要。但谁也不是生活在真空之中，要写出好文章离不开对生活的感情。因为写作是人思想感情的一种表述，而人的思想感情源于对生活的感悟，可以说，感悟是写作的生命。因此，只有切切实实地感悟生活，才能走出"克隆"式作文的窠臼。

那么，教师应如何引导学生感悟生活呢？笔者认为，可从以下三个方面着手：

一、引导学生用心观察生活，做生活的有心人

是否引导学生用心观察生活，可谓是作文教学成败的关键。而目前作文教学往往"本末倒置"，或脱离学生生活实际闭门造车，或以讲授作文技巧取代学生的生活积累。还是叶老说得好："我们要记着，作文这件事离不开生活，生活充实到什么程度，才会做成什么文字。所以，说到根本，除了不间断地向着充实的路走去，没有可靠的预备方法。"(《作文论》)而我们学生，往往生在宝山不识宝，长在深山没柴烧。身边的生活素材不是不丰富，而是视而不见，听而不闻。之所以如此，最根本的原因是没有"心入"生活。古人有所谓"外师造化，中得心源"的说法，世间的万物唯有用心去感受，才能获得高质量的吸收。达文在论及巴尔扎克的创作时说："在他以前，从来没有小说家像他这样深入地考虑细节和琐事，以深刻的观察把这些东西选择出来，加以表现。"因此，教师应尽可能地引导学生观察生活，使之心中有"素"，胸中有丘壑。

首先，要引导学生留意平凡的日常生活。平凡见精神，小中可见大。琐碎的日常生活里蕴藏着无数的"金子"，要让学生以明亮的双眼拂去上面的"沙土"，还"金子"本色。鲁迅从车夫身上看出了自己的"小"，写下了《一件小事》；朱自清从父亲买橘子的小事里，写出浓浓的父子亲情。其次，要重视观察人。人有思想，有行动，有情感，永远是作文的"主角"。要引导学生观察人的眼睛、衣着举止，体会他们的内心世界。鲁迅先生笔下的祥林嫂之所以能引起读者的感情共振，离不开先生平日细致的观察。最后，要观察自然景物、自然现象，关注四季的更替、气候的变迁、候鸟的去来、草木的兴衰，感受自然界四季变化和人物彼此的关系。值得特别指出的是，作文必须正视现实。有的学生写文章，不写眼里见到的，而写心里想到的。因此，写老师往往是背学生上医院、深夜改作业，写弟弟就是圆圆的眼睛、甜甜的酒窝。这样的作文，既无新意，又失去了真实。

二、引导学生积极思考人生，善于联想和想象

一位外国作家说得好："思考可以构成一座桥，帮助你通向新的境界。"光有生活素材的积累，而没有深入思考生活是不够的。不少学生看到星星是星星，听到歌声是歌声，浅思辄止，甚至根本不加思考，这样，又如何能写出有新意、有见地的作文？我们的思维只有在永葆弹性的情况下，才有创新能力。而永葆弹性，就要善于联想和想象。

联想，是人们在观察的基础上，由当前的某一事物回忆或联想到另一有关事物的思维活动。秦牧认为，"联想的构成，在某一点上如同电路，有了电路，电才能通过；知识贫乏，线路就不能很畅通了。"联想很像串联的灯，电通灯亮，形成一条链。比如刘禹锡的怀古诗："朱雀桥边野草花，乌衣巷口夕阳斜。旧时王谢堂前燕，飞入寻常百姓家。"作者由乌衣巷联想到富贵的王谢家族早已凋零，联想到沧海桑田变幻无常的人生。再如郭沫若的《天上的街市》，由地上的街灯想到天上的明星，也是用了联想的方法。联想，能由此及彼，奠定思维大厦的基础。想象，则侧重于一个信息或多个信息纵的深入，是联想的高级阶段。它是人们在感知客观事物的基础上，对过去经验进行改造并重新组合成新的形象，从而建立起新的有价值的东西的心理过程。"想象力作为一种创造性的认识能力，是一种强大的创造力量，它从实际自然所提供的材料中创造出第二自然。"爱因斯坦想象人追上光速时的情景，创立狭义相对论;又从想象人在自由下落时的情景,创立广义相对论。想象,能弥补和突破学生现有的生活经验,化无为有,化实为虚。合情合理又符合科学的想象有利于情感的体验和人生的感悟。那么,该如何启发学生在生活中展开想象的翅膀呢?

1. 拟物联想

这种方法要求学生根据物象来创造意象。生活是多姿多彩的,大自然是多姿多彩的。花鸟虫鱼、风雨雷电,一切都可以作为联想的起点,从而向生活的天空做无穷的延伸。比如,由自然界的路想到人生的路。自然界的路或曲折坎坷或平坦宽阔,但曲径通幽,怡人的美景往往不在通衢大道边而在山重水尽处。人生之路亦如此。安逸享乐、坐享其成,享受的往往是物质上的富有,同时也是精神上的贫乏,失去的是奋斗的乐趣。

2. 据情假想

诗句云:"感时花溅泪,恨别鸟惊心。"花,本不会"溅泪",鸟也不会"惊心",是作者从自己主观的眼光和心情中,赋予他所接触的景或物以特殊的性格和生命。生活是个万花筒,所接触到的景物,大之如山岭园林,小之如虫鱼鸟兽,都自有其内在的气质和性格。比如落花,表面看,花的凋零只是一种自然现象。但一旦赋予其人的生命,就可以想到"落红不是无情物,化作春泥更护花",想到"鞠躬尽瘁,死而后已",想到"不以物喜,不以己悲",想到"得意淡然,失意泰然",等等。

3. 超越时空

李白的诗"红颜弃轩冕,白首卧松云",把青年和老年两个时代的表象组合起来;陆游的诗"楼台夜雪瓜洲渡,铁马秋风大散关"则是空间表象的组合。生活不仅仅是"现在进行时",还是"过去完成时""一般将来时"等。因此,要学会串联过去、现在和未来。比如,由眼前的自己想到十年前的"我",并设想十年后"我"等等。时空跨越拓宽了想象的空间,使感悟更见深度。

三、引导学生亲身感受生活,深入体验情感

感受不但是积累写作材料的重要途径,更是由积累生活到感悟生活的触发点。"文学创作的关键并不在于有没有生活,而在于有没有生活的特殊感受,要没有感受,生活再多也是白搭。"因此,教师要引导学生积极调动自己的各种感觉器官去直接感受生活。

心理学实验材料表明,人对信息的接受,视觉和听觉约占94%。其中,视觉感受所占最多。中国古代诗人之所以能写出如此鲜活逼真的诗句,很大程度上缘于他们对色彩的强烈迷恋和感受力。如"红杏枝头春意闹""日出江花红胜火,春来江水绿如蓝"等诗句几乎看不到准确描绘的形体,只以涂抹得十分和谐的色块出现,却更好地表达了诗人的情愫。听觉感受在量上仅次于视觉感受。优美的歌声、琅琅的书声以及大自然的种种天籁,都可以形成听觉表象,从而激发写作激情。明代顾宪成听"风声、雨声、读书声",激起对"家事、国事、天下事"的关心,清代郑板桥"衙斋卧听萧萧竹,疑是民间疾苦声"。听觉感受能把比较难以捉摸的声音,转化为人们比较熟悉的传达某种特定事物、微妙境界的声音,从而诱发读者想象。古人云:"文章之精少不出字句之声色之间,舍此便无可窥寻。"讲的正是此理。

此外,还要注意嗅觉、味觉、触觉等感受能力的培养。北大教授、作家曹文轩说:"一个艺术家的本领,并不在于他对生活强信号的感受,而在于他能接收生活的微弱信号。"

在写作中,仅有大感受是不够的,必须有对事物精微的感受。鲁迅先生回忆儿时的乐园——百草园时,从性状、颜色、滋味等多种角度进行描述,石井栏的光滑、覆盆子的酸甜,仿佛带人走进了儿童时代。而在《鲁提辖拳打镇关西》中,对鲁达三拳的描述可谓"色香味俱全"。特别是甜的、酸的、辣的一发滚出来的油酱铺,活现了镇关西被打中鼻子后的狼狈相。

总之,生活是一座宝矿,只要善于挖掘,积极感悟,定能写出别有新意的文章。

三评式作文聊天课教学模式探寻

三评式聊天课教学模式的产生背景

美国教育家华特指出:"语文的外延与生活的外延相等。"教育是生活的需要,其源于生活又以生活为归宿。从这个意义上说,语文课堂原本是一个被师生共同拥有的生活世界,体现着生活的意义和生命的价值。

顾黄初先生指出:"语文教学的改革,关键在贴近生活,这是'根'。"缩短作文教学与实际生活的距离,既激发学生的作文兴趣,又能切实培养学生的作文能力。

然而,在应试教育的禁锢下,学生的生活范围只是校园小天地再加家庭鸽子笼。生活程式只是围绕读书这个中心环节的机械式动作,而生活内容则局限于课堂内外无休止的训练。这种紧张而单调的生活节奏,使学生全然丧失了一种从容不迫的心态去扩展生活的外延,品味生活的内涵。而我们的某些语文教学,或随意想象,或闭门造车,让学生作文成了"超天才"(即抄添裁)游戏或假大空的演练场。报载,一篇400字的作文,居然能"生产"出十几个"很",可以说是对闭门造车式作文教学的绝妙讽刺。

世事洞明皆学问,人情练达即文章。以课堂为起点开设作文聊天课,赋予作文以生命和活力,才能引导学生更好地懂得生活、学会生活、改造生活。

一般的作文课堂教学,往往是教师一言堂,学生鲜有话语权。谈起作文,多半是学生望文生畏,教师三分失望七分辛劳。三评式聊天课以学生为主体,提倡生生互动、师生互动,是写作教学中开放型、发展型的课堂教学活动。三评式聊天课让教师为学生创设宽松的学习环境,使学生自觉感悟,产生兴趣,在评分评点评改的过程里,过把老师瘾。

三评式聊天课教学模式的理论基础

新《义务教育语文课程标准》指出:"学生是语文学习的主人。语文教学应激发学生的兴趣。注重培养学生自主学习的意识和习惯。""要让学生成为习作评价的主人。""让学生成为作文的主人",是新一轮课程改革的主旋律。《语文课程标准》(实验稿)中指出:"要注意考查学生修改作文的态度、过程、内容和方法。通过学生的自改和互改,取长补短,促进相互了解和合作,共同提高写作水平。"叶圣陶先生认为:"能不能把古来传统变一变,让学生处于主动地位呢?假如着重在培养学生自己改的能力,教师只给些引导和指点,该怎样改让学生自己去考虑去决定,学生不就处于主动地位了吗?养成自己改的能力,这是终身受用的。"写作是"深度生活的产品"(叶圣陶语)。学生对写作的热情和兴趣,需要老师循序渐进地激励和指导。

三评式聊天课教学模式的基本结构

1. 创设情境,引出聊天主题

艾略特说:"表情达意的唯一方式,便是找出意之象。即一组物象、一个情境、一连串事件。"情绪是写作的启动基因,生活是写作的源泉。创设生活化的有意义的情境,能极大地激发学生的写作热情。明代诗人祝允明说:"身与事接而境生,境与身接而情生。"一语道出了情由境生的道理。

2. 学生评分,激发为师兴趣

让学生当老师给同龄人的作文评分,尝尝打分的感觉。这环节学生的分数一定形形色色,不可能统一,也不要求统一。无论学生打出怎样的分数,都可以反映学生自己的评价标准。教师可邀请几位学生上黑板打分,签上自己的名字。这样做,能激发学生当老师的兴趣,并使评分直观起来。

3. 学生评点,师生同构亮点

教师要摒弃一些老套路、老程序,让学生按自己的认识,较客观地评点同龄人的作文。教师放手评点的"专利权"让学生自己品评作文,学生不应当仅是一个被评的客体,更是评点的积极参与者。让学生夸夸同龄人作文的亮点,在你一言我一语的交流中获得写作的初级法宝。教师要遵循激励、尊重、关注的原则,鼓励学生自由地表达,有创意地表达。此环节,教师和学生要共同建构作文亮点。也就是说,教师应对某些关注点和问题进行应答,通过对话和协商,逐步达成共识。

4. 教师指导，抓住一点展开

以学生为主体，依然不可忽视教师的主导作用。承接着上一环节提到的亮点，教师抓住其中的一点进行专题指导。其间，教师可以现身说法来提供写法宝典。叶圣陶先生认为："这（下水作文）无非希望老师深知作文的甘苦，无论取材布局，遣词造句，知其然又知其所以然，而且非常熟练，具有敏感，几乎不假思索，而自然能够左右逢源。"教师的切身经验将给学生带来最实在的帮助，同时，将更好地促进师生关系。

王鼎钧在《作文之说》中认为，"年轻朋友不怕有技术而无性情，就怕有性情而无技术。有志写作的人应及早注意技术的训练。"该环节教师更多的是给予方法上的指导，同时和内容进行一定的融合。

5. 学生评改，实现主动发展

有时，评改的难度甚至超过写一篇作文。教师根据上一环节的指导，有针对性地让学生先独立写再以小组交流的形式实现共享和进步。它是作文指导的继续和深入，是提高作文教学质量的重要环节。学生在写作过程中，因主观或客观的局限，在立意、选材、结构、措辞上难免出现问题，一篇文章要改的地方很多，一次作文聊天课，自然不能面面俱到。

如果学生评的时候有失偏颇，教师可适时引导。学生评改作文的能力有一个发展完善的过程，不可能一开始就得心应手。教师应当充分发挥自己的主导作用，对作文聊天课进行专题训练，设置语言、结构、表达、材料、立意、标题等几个模块，由易到难，逐步提高。参与专题评改的几篇作文可进行比较，以取长补短，在某一点上互为老师。

"一千个读者就有一千个哈姆雷特。"作文的解读本来就是个性化行为。教师应该引导学生转变思维，变换角度，尽可能地从新角度、多角度来审视作文。在这一过程中，教师要充分尊重学生的主体性地位，不能越俎代庖，要让学生结合自身的体验评改作文。如果被评的同学和评的同学能达成一定的共识，还能产生新的价值。当学生的价值观和教师发生冲突的时候，教师不要一概否定学生的认知，要拿出让学生信服的东西，使之接受信服。

此外，小组合作交流能较好地发扬集体协作精神，有利于减轻学生的心理负荷,使每位成员在信息传递中集思广益,畅所欲言,实现学生活泼、主动地发展。

三评式聊天课教学模式的教学原则

1. 主体性原则。学生是课堂的主人,作文聊天课必须尊重学生主体,激发参与意识,从被动训练作文的必然王国,走向主动自能作文的自由王国。

2. 活动性原则。聊天课离不开活动,要让学生在丰富的活动中体悟生活,提高作文能力。

3. 生活性原则。作文来自生活,作文聊天课应该体现生活性原则,有利于提高学生认识生活、表达生活的能力。

4. 整体性原则。作文是学生语文素养的一部分,我们在作文聊天的时候,必须坚持整体性原则,使作文能力、语文素养和人的整体和谐发展。

5. 和谐性原则。作文聊天课强调学生的整体发展,特别强调学生认知能力与表达能力的和谐发展。

6. 发展性原则。发展性是作文聊天的原则之一。作文教学过程要促进学生写作能力和生活能力的发展。

7. 创新性原则。有发展就有创新,有创新才能不断前进,与时俱进。

三评式聊天课教学模式的构建意义

1. 三评式聊天课在轻松的氛围里消除学生的心理障碍

学生往往怕写作文,聊天课的形式消除了学生的拘谨,在一定程度上消除学生的心理障碍。教师用轻松平等的聊天方式和学生交流,引导他们去发现、感受、品味生活,帮助学生找到对作文的兴趣。

2. 三评式聊天课让学生过一把老师瘾

评分、评点、评改,似乎都是老师的事情,三评式聊天课让学生角色换位,大胆地做一回老师,过一把老师瘾。

3. 三评式聊天课使作文指导生活化

话题来自于生活。回归生活的谈话主题使学生关注鲜活的生活,关注身边感人的点点滴滴。

三评式聊天课教学模式的实施建议

朱光潜先生说:"风行水上,自然成纹。"作文指导贵在"自然",巧在"无痕"。作文聊天课,要给学生更多的空间和时间,让学生在对话交流式的轻松氛围里,走进作文,走进生活,领悟生活。

小组交流展示的前提必须是学生独立构思作文。展示从操作技巧上说,分为小展示和大展示。"展示是解决学习内驱力的金钥匙"。交流先在小组内进行,再在班上进行。

三评式聊天课教学模式实施课例

教学实例:细化,让作文丰盈起来

(一)情境导入

刚才我们看了视频歌曲《父亲》,说说最打动你的镜头是什么。

师:把打动你的镜头写下来,就是作文。这堂课,我们将走进东阳市市刊《花果山》中的三篇文章,看看作者是怎样来描述父亲的。(板书:22、67、87,画出表格)

(二)学生评分

请同学们当老师给这三篇文章打分,范围70~100分。请三位同学写黑板上,签上"老师"的大名。

打出第一篇是最高分的,举手,统计。以此类推。

(三)学生评点

根据你打的分数,请同学们继续当老师,评点这三篇文章,说说它们的亮点或不足。

(四)教师指导

巴尔扎克认为,唯有细节将组成作品的价值。

视频中,那些打动我们的镜头往往是生活的细节。王秋珍认为,细化,让作文丰盈起来。

如何细化作文,是有方法可循的。这节课,我们将接触三种方法。比较:这声音,像风拂过心田,像水唱出音符,更像含苞的花发出淡淡的清香……

这声音,像缕缕春风拂过心田,像潺潺溪水唱出音符,更像含苞的槐花发出淡淡的清香……(《挥舞的爱》)

说说这两段话哪段好,为什么?

1.化大名词为小名词

师:用具体的小名词代替大名词,能使表达更清晰,更形象。张家的菜名是"豆腐",李家的菜名是"农家煎豆腐",你喜欢点哪家的豆腐?

生:农家煎豆腐,让人吃得明白、放心。

2.在关键处停下脚步

师:周末你去公园逛,看到一个特别吸引人的地方,你还会按原来的速度走下去吗? 写文章也是一样。对于那些特别能彰显中心表达情感的地方,我们要停下脚步。

师:那天,我发现了十几个未接电话。听到这句话,你会想到什么?(生答)

谁? 什么事? 是不是同一个人打的? 十几个这个数字,会让我们的大脑升腾起一串问号。可实际上,我们很多同学的笔会匆匆往下走。我们看看某人是怎么处理的。

请生读幻灯片:

原来,父亲和母亲找我找疯了。本来,我是回家吃午饭的。可我忘了说。他俩一直等,等到12点。不停打电话。然后一起赶到学校打听。门卫师傅说不知道。他们就揣摩着我的行走路线,一路一路地找。他们担心我在路上出事了,找得很仔细,走得腿发软。父亲说,再找不到,就打110。

事后的叙述,好像云也淡淡风也轻轻。可是,我可以想见当初的风起云涌。父亲和母亲都是行走很不方便的人,他们在路上东张西望,心中带着多少未知的忐忑甚至无望呢? 我真不忍心以电影般的镜头去回放、还原当初的情节。

师:这两段话,把十几个未接电话这一事情细化了。某同学读得很好。我听得出你是把自己的理解读出来了,也读出了文中这个"我"的心情。

这个文中的"我"近在眼前,她就是王秋珍。点出:王秋珍《那个最爱我的男人老了》

师:本文被多个编辑看中,也许就在于那些生活化的细节吧。岁月匆匆,时光会冲淡人的记忆,但冲不走我们那颗为爱停留的心。

3.将抽象的情感转化为具体的事情

"爸爸,你对我真好。你真是太好了!"

师:请读出重音。

你觉得这句子写得怎么样?

这样的情感是架空层,太抽象了。我曾改过一篇不到500字的作文,出现了十几个"很"。我很较真,把它们一一圈了出来。因为,这么多"很",让我很不舒服。

作家龙应台说,(写文章要)使看不见的东西被看见。什么东西是看不见的?自然是抽象的思想或情感。因此,你说爸爸爱你,爸爸到底怎样表达对你的爱? 要写出具体的事情、细节。

这三篇文章和课前的视频镜头都是通过细节来呈现父爱的。你注意到了吗?

正如巴尔扎克所说,唯有细节将组成作品的价值。

(五)学生评改

请修改:87.父爱如茶,苦尽甘来

这节课提供的细化方法,第三种已经用得不错了,接下来我们就用前两种方法来改87篇。

1.老爸熟练地从罐里掏出两小撮茶叶,分别放入两只小茶杯中,慢慢倒入开水。(将大名词化为小名词。)

2.这茶这么苦,你怎么经常喝呢?(在关键处停下脚步。)

放映视频。你得到了什么启发?

师:可以讲一个喝茶的场景或故事;可以反映父亲和孩子间的温馨。

注意:扣住主题,联系上下文。

先写好(100字左右),再小组内交流,然后班上交流。

教师展示:

我捧着老爸递的茶,淡淡的茶香随着袅袅的雾气渗透在记忆里,记忆的画面晕染出温暖的色调。老爸总爱边看球赛边喝苦丁茶。水和苦丁茶叶共同酝酿着一份宁静和优雅。

(小李)

"快喝吧,醒醒脑!"放下笔,伸出手,端起茶杯,温热的温度从手心传到心中。杯中几片深绿的龙井茶叶在水中畅游,灵动而自在。老爸盯着我:"冬天冷,暖暖身。"轻轻抿一口,那苦涩的茶,不禁带上丝丝香甜。

(小吴)

老爸最大的乐趣是喝茶。常见他怡然自得地玩弄一堆大大小小的茶具。他用第一壶茶把茶具冲洗一遍,再倒第二壶茶。他握住茶柄,将茶从壶嘴里缓缓倒出,掂了几掂,在倒满三分之二的时候顺手一抬,将茶壶放到了桌子上,熟练的动作,圆润的衔接,演绎出一幅美好的画面。

(小单)

看似闲笔,其实不闲。著名作家贾平凹曾经说:"对主题可有可无的话,恰恰增加了文章的趣味。"也可尝试用上闲笔,写出一份自在。

(六)教师寄语

最后,送同学们一段名人的写作宝典。

袁枚在《随园诗话》中说:"诗虽奇伟,而不能揉磨入细,未免粗才。诗虽幽俊,而不能展拓开张,终窘边幅。"

愿同学们以揉磨入细、展拓开张之功,写出锦绣文章。

最后的最后,送出老师写的书,愿同学们也早日写出属于自己的书。

【教后反思】

模式即"某种事物的标准形式或使人可以参照着做的标准样式。"(《现代汉语词典》2016年9月版第919页)课堂模式可以界定为对课堂教学系统元素做要素选择进行建构的实体,大致可以由教学思想、教学内容、教学步骤、教学方法、教学手段、教学情景设计、师生关系等诸要素构成。

课堂教学模式是教学思想、教学观念与教学实践契合的生长点。教学模式的构建与应用,意味着实现课堂教学效益的最大化及可持续发展。

教学模式既规范了教的方式,也规范了学的行为。没有模式就没有标准,正如行驶的汽车必须遵守交通规则,教师的教和学生的学也需要一个基本的"规则"来约束。这就是模式的需要。

我觉得,虽然这是一堂模式课,但模式的框架下,依然有很多可发挥的地方。因为,课就像人一样,是有感情,有个性的。

初中生作文一个很大的毛病就是缺乏真情实感。老师以自己写的文章为例子现身说法,告诉学生自己的感情是如何把握的,细节是如何处理的,这样会比较有亲近感,学生会感觉好的文章离自己并不遥远。只要我们去用心,也是能够做到的。聊天课是师生互动性很强的课,学生在积极倾听和主动发问的过程里,使文字立体起来,文字背后的故事呈现出来。

在关键处停下脚步这个环节,让学生写后说说有关喝茶的场景或故事时,有的学生写到了茶艺。有人认为这是多余的,和主题无关;有人认为,这是可以的。实际上,我们一再地强调,和主题无关的文字不能写。可是,真正大师级别的作家的文字并没有那么多的讲究。有的时候,我们是否给了学生太多的框框呢?课前和课后,我一直在思考这个问题。在我自己的创作里,我更多地注重心灵的声音,让笔随着心走,而不是先考虑应该紧紧围绕所谓的中心。著名作家贾平凹认为,"对主题可有可无的话,恰恰增加了文章的趣味。"是的,我们经常看到类似的文字,它像信手拈来之笔,却带着趣味,给文章添色不少。

一堂成功的课,不在于课堂有多完美,学生有多热闹,重要的是能引起共鸣或者争议,让大家对某一做法或想法有所思考,并将这种思考蔓延到我们平时的教学行为中。

此外,我认为,公开课应该少一点预设和过分的准备。真实、平实、丰实是它的良好形貌。我特别感动于课堂之初那位女生的表现。课前刘和刚的一首歌,让该女生泪流满面。她走进了歌词中,走进了画面里,她自己的情感体验顺利地被歌词打通了。有这样丰富的情商,何愁写不出感人的作文呢!

愿我们的作文指导课少一点指导的痕迹,多一点自然的引导。这也是我应该努力的方向。

说话与作文

我国自隋唐以来,开科取士,便以文定高下。然而,作文教学历来是一项"少慢差费"工程,不少语文教师为之望而却步。

其实,作文并不难。它不需要过人的才智,也不需要挖空心思,只要把自己想说的话稍加整理,以文学的形式加以显现,便是作文。叶圣陶先生在为语文题名时说:"口头为'语',书面为'文',文本于语,不可偏指,故合而言之。"国外部分著名教育家研究后指出,在当今竞争激烈的多极世界里,孩子们必须具备的十项基本能力中,第一项就是语言表达能力。可见,说话和作文是息息相通且至关重要的。一个话说得清晰、简洁的人,其作文必然形象、流畅。"说话即文章",就是这个道理。因此,教师应想方设法为学生创设说话的机会,着重抓好朗读、背诵、复述、辩论、演讲、口头作文等环节。

我国古代圣贤说,书读百遍,其义自见。朗读,能加深理解,积累词句,掌握一些遣词造句、谋篇布局的方法,熟悉语言的结构和规律,以便运用于写作中。宋代理学家朱熹在《训学斋观》中说:"凡读书……须要读得字字响亮,不可误一字,不可少一字,不可多一字,不可倒一字,不可牵强暗记,只是要多诵数遍。自然上口,久远不忘。"朗读时,口、耳、心、眼同时使用,有助于原先贮藏在脑中的旧信息积极"活动",并在有关信息的撞击下,闪现新"火花"。

语言学家吕叔湘认为,"早先的人学写文章的方法是熟读古人的文章,熟能生巧,这个方法的确也有效验。"古往今来,人们深知"旧书不厌百回读,熟读深思子自知"(苏轼)的道理。毛泽东青少年时期,采取了"高声朗育"和"密咏恬诵"的读书方法,为他后来的写作奠定了良好的基础。对中学生来说,朗读成诵是强化语言训练的一种行之有效的方法。好的语言烂熟于心,便会运用自如,笔底生花。通过朗读成诵,可以"储蓄"文章范式,提高写作能力。

古往今来,大凡作文大家,都离不开深厚的背诵功夫。七岁能吟诗的曹植,十岁左右就能背诵诗赋十万余言。我国第一位杰出的女文学家蔡文姬,青年时就能把父亲蔡邕的四百多篇作品一一背出。明末清初的叶奕绳,一年背三千多段精彩的文字。著名文学家巴金,十二三岁就能背出《古文观止》等好几部古代名著,为他写四百多万字的文学作品提供了丰富的语言材料。现代优秀的革命文学家茅盾,青少年时期也在背诵上下过苦功,并能背诵《红楼梦》全书,为他后来写出震动20世纪30年代文坛的长篇小说《子夜》打下基础。

著名作家秦牧说:"青年人记忆很强,多背诵名篇、名言会终身受用。头脑里记得多了,用起来就会左右逢源,俯拾皆是。"语文教师应摒弃"少背多抄"的观念,多布置一些背诵任务,教给学生灵活的记忆方法,养成良好的背诵习惯。

复述,是在朗读、背诵基础之上的又一说话形式。它要求说话者有整理词句、组织语言的能力。作为教师,要努力营造良好的说话氛围,使学生变被动为主动,踊跃发言,积极配合,形成教与学的双向交流。

为纠正学生一开口,声音便在喉咙里打转转的现象,教师还应经常开展辩论、演讲等活动,使学生战胜自我、畅所欲言。其中,每日几分钟的演讲为越来越多的语文教师所采纳。

著名生理学家巴甫洛夫告诫青年向科学进军必循序渐进。朱熹也把其列为治学经验之首。演讲训练也要循序渐进,不可操之过急。可分以下三个阶段进行:

第一阶段:带稿演讲,要求发音响亮,吐字清晰。

第二阶段:脱稿演讲,注意态势语言。

第三阶段:有较新的观点和激情,追求讲演风采。

几年来,笔者坚持课前三分钟讲演,强化参与意识,淡化结果评分,使学生积极投入,"吾尽力而力不至者,可以无悔矣",一改那种赶鸭子上架的被动局面。

第一关便是敢说。口头作文是一种高层次的说话训练。教师应遵循先易后难的原则。开始时,可以练说一幅肖像、一个场景、一席对话、一段心理活动等,并尽量以游戏的形式进行。气氛的轻松有助于消除紧张的情绪。口头作文时,可以先让一个人说,众多的学生会受到启迪,从而激起感情涟漪,造成人人跃跃欲试,个个不说不快的良好氛围。著名教育家魏书生认为,可以七嘴八舌,可以胡言乱语,但不可不说。

第二关是有话说。魏书生采取了布置观察，而后作文的方式。比如，要让学生说说自己的班长，可先让其仔细观察班长一个月(一段时间)后，再进行。生活是创作的源泉。平时，学生往往对身边的一切熟视无睹，只停留于似曾相识阶段。让学生有意识、有目的地观察周围事物，并要求看得细，看得准，看得深，就能为作文提供良好素材。

第三关快速构思。教师可选定若干有话可说的题目，如《这就是我》《家乡新貌》《妈妈笑了》等，让学生任选一题，快速构思。这样，学生既有选择的余地，又能集中思想，敏捷地搭好文章框架，久而久之，就能学会"出口成章"。

总之，多渠道、多方位地训练学生的说话能力，以"文"促"说"，以"说"带"文"，将使作文教学步出困境，走上大道。

让真情在作文中流淌

一、教学背景

作文说到底是学生心灵倾诉和思想表达的场所,是作者思想和情感的文字化。著名特级教师方仁工认为:"作文要'百分之百的真实,百分之百的本色',我觉得非常重要,真实、本色,这是作文的高境界。"如果连写作的内容和作者自己的感情都是虚伪的,那么,要寄托自己的思想,无疑属天方夜谭。

写作的情感方式说到底就是作者的生活方式,其间世相性情、生活情趣,以及滚滚红尘、寻常阡陌等,都可以成为学生思想的载体和心灵的感悟,把矫情伪饰的杂质过滤掉,把浩然大气和硬朗之风留下来,"有真意,去伪饰;少造作,勿卖弄",这才代表了学生体悟世界、看待人生的情感方式。学生作文中的"真",实际上标示着沉甸甸的生命质感的存在,展现了一个活泼泼的"我"的灵魂。

《义务教育语文课程标准》指出:"写作要感情真挚,力求表达自己对自然、社会、人生的独特感受和真切体验。""要求学生说真话、实话、心里话,不说空话、套话。"

然而,综观学生作文,写妈妈,无非是半夜送"我"上医院;写老师就是带病上课倒在讲台前;写挫折,就写父母遇上车祸,自己成了孤儿……矫揉造作、哗众取宠的不良文风正以其强大的势头遮掩了真情的天空。

据报载,某次作文竞赛,让参赛学生介绍一种技能,一篇作文让评委们吓了一跳:教你如何偷窃……评委找来作者谈心,孩子急忙辩解:自己没做坏事,这样写是为了"引起阅卷老师注意"。

二、教学契机

诸多传统道德观念的淡化,使得不少缺乏人文主义教育的学生,丢失了道德底线。在他们眼里,亲人的关怀是必需的,理所当然的。学生的作文,或避开深爱自己的父母写些遥远的东西,或一味发牢骚,或随意地想象加工。

让学生关注父母,抒发真挚的情感,是本次作文的目的。恰逢今年的三八妇女节是星期一,我布置学生周末去思考如何让母亲过一个快乐的有意义的节日,星期一付诸实施,并进行统计、交流。

三、课堂作文

师:昨天的三八妇女节,除了3位同学外,其他同学都以具体的言行表达了对母亲的祝福和敬意。给妈妈送花的22人,做家务(包括烧饭、炒菜、洗碗、擦地板、洗衣)的20人,语言问候的5人,洗脚的4人,送贺卡的4人,敲背的3人,剪指甲的2人,送丝巾的1人。同学们真的长大了。今天这节课,就请大家把你想了什么,做了什么,有什么感受,真真切切地写下来。

生:老师要求我们为母亲做事,自己有没有做过呢?

(同学们的目光有些期待,也有些挑衅)

师:我给母亲剪指甲,她不肯。我说,我要求学生为母亲做一件事,自己该带头。母亲说,那就骗他们剪过指甲了。(学生笑了)我说,不能骗人,尤其是当老师的。母亲拗不过我,就同意了。我拿出了小剪刀,母亲笑笑说,剪不动的。我不信。结果发现,母亲的指甲很厚,只好换成那把锋利的大剪刀……

突然,我感觉教室里非常安静,有几位同学还在点头。于是,我不失时机地说:"大家一定有自己独到的感触,能不能写下来?"

"能!"学生声音响亮,充满了自信。

只过了25分钟,就有几位同学写好了作文。35分钟后,全班除1位同学外,全部完成。可以说,这样的速度是以往没有过的。

四、回顾反思

1.教师要有课程开发的意识与能力

学生的心不是一块拒绝融化的冰,他们更不是腹中空空的痴者。如何吹皱那一池美丽的春水,关键在于我们教师。《义务教育语文课程标准》指出,教师要"为学生的自主写作提供有利条件和广阔空间"。节日,确实是一个良好的契机。实在的表现、切身的体验,使学生更好地走近家长,从内心深处唤起爱父母的感情,从而为流畅表达奠定基础。

2.课堂教学要建立平等、真诚的师生关系

《义务教育语文课程标准》所倡导的师生平等、尊重学生,不仅仅是尊重学生的人格,更是尊重学生的思维和情感,这是生命的活力所在,也是个性化作文的魅力所在。本节课中,学生对教师有没有带头为母亲做事提出问题,教师马上进行了回答,没有修饰,没有伪装,有的只是朴实和诚挚。教师的真情告白直接感染了学生,激起了他们心底的情感。冰心认为,作文,"是充满特别感情和趣味的,是心灵里的笑语和泪珠。"李镇西说:"作文,就是思想感情的自然流淌,就是心灵自由自主地飞翔!"所谓情动而辞发,只有"心"的放飞,才能让真情肆意流淌,才能达到"彼觉有所为,欲罢不能,非倾吐不尽"的境界。而"心"之所以能放飞,不仅来自于学生切身的感受,也来自于师生之间真诚、友好的关系。

3.作文教学一定要回归生活的来源

著名作家刘绍棠在谈创作体会时说:"要在熟悉的土壤上种自己的庄稼。"确实,"写作教学要贴近学生实际,让学生易于动笔,乐于表达。"(《义务教育语文课程标准》)"一粒沙中见世界,半瓣花上说人情。"(郁达夫语)作文,"不该看作一件呆板的事情,犹如泉流,或长或短,或曲或直,自然各异其致。我们要把生活与作文结合起来。"(叶圣陶语)没有真实的生活气息,何来生活气息浓郁的作文? 教师让学生关注父母,写写身边最亲的人,就是让学生选择"熟悉的土壤",种上"自己的庄稼"。这样,既能有效避免夸夸其谈、虚张声势之文风,也能让学生在作文中学习做人,追求"真、善、美"。

学生例文

茶香悠悠

吴妙婷

我看见茉莉花在热水中打了几个转儿,缩紧的花瓣渐渐舒展,最后在水中轻轻浮动,宛如翻飞的舞裙。我能够闻到茉莉花茶清新的香味。我知道这一直是母亲的最爱。

——题记

桌上多了两包花茶,老样子,玫瑰和茉莉,我心满意足地拿来两个茶杯,一杯玫瑰,一杯茉莉,它们是我和母亲的最爱。

母亲不知道什么时候已经站在我身后,手里提着一个热水瓶。

这就是母女之间的默契,我管它叫心有灵犀。

我微笑,然后坐下,看着母亲泡茶。她往我放了四朵玫瑰的杯子里放了三朵茉莉。

"这杯茶就叫作'丢三落四'。"母亲笑着说。

我把玫瑰花茶移到面前,那种浓郁的香味让我心醉。

"妈,为什么你不喜欢玫瑰而喜欢茉莉呢?"

母亲沉默了一会儿,又笑着问我:"那你为什么不喜欢茉莉而喜欢玫瑰呢?"

玫瑰的芳香在房里飘荡,浓郁而醉人。

"也许是因为玫瑰令人心醉吧!"我说。

母亲笑了,她把茉莉茶移到自己面前,说:"那我喜欢茉莉就是因为它令人心旷神怡。"

我若有所思地点点头。

在客厅里,母亲一边剥豆子一边看报纸。这是一个很好的时机,我想。

"妈妈,我来帮你一起剥吧!"我搬了一张小凳子坐到母亲身边。

其实想说的话很简单,只是觉得说不出口。

终于,我鼓足了勇气,说:"妈妈,今天是……"

母亲打断了我的话:"作业做好了吗?"

"嗯,全做好了。"我感到有点沮丧。

母亲又说:"晚饭想吃点什么?"

我支吾着:"嗯,随便吧。妈妈,今天是……"

母亲再次打断了我:"帮我去把晾着的衣服收进来吧,快下雨了。"

我不情愿地离开了客厅。

我回到了客厅:"妈妈,衣服收好了。"

"哦,你坐下来休息一会儿吧。"母亲端起剥好的豆子走进厨房。

我有些懊恼。

再泡一杯茉莉花茶,放在母亲房间里。茶香沁人心脾。

我知道,什么都不用说了。

从不介意

张 忱

要说什么，杯子都已经空了，闭上眼睛心里下起大雪，天寒又地冻，是不是到了爱情结账的时候，只剩下各自买单的寂寞。

——题记

我像个傻子一样坐在小矮凳上吃爸爸剥的瓜子，妈妈独自坐在床边哭泣，这是我记忆中最早关于爸妈吵架的画面。

一天又一天，我总在这种沉寂中度过，家里没有什么光线，总是黑沉沉的，我像个幽灵在里面沉默游走。妈妈在那段时间总问我同一个问题："你以后跟谁过？"我同样也像傻子一样不知所措地摇头。

妈妈也叹息着摇头，虽然我那时不懂为什么。

终于到了我9岁那一年，爸爸带着一只旧旧的箱子走出了家门。我和妈妈像雕像一样地站着，悄无声响。

要用什么融化这一片沉默。有什么在四周的冷空气里叹息，化成烟飘走，过去的种种，在心里滚成雪球，怕还没说话泪就会先流。

爸爸那高而瘦的身影最终还是消失在了路的尽头，我看着那背影只会悄然流泪。几天后，爸爸雇的人开着一辆卡车，运走了家里的一些家具。突然，我发现这个家原来也会如此空空荡荡。爸爸那天没有来，妈妈也没有哭。

家里真的少一个人了。只是每次吃饭，我总会不自觉地拿三个碗，到桌旁一看，却发现只有两条孤单的凳子……

时间真的过得太快，一晃七年了，爸爸的脸越来越瘦，头发也有许多白了，每次我去看爸爸，都忍不住背过身去——我不想让他看见我流泪的样子。而妈妈，同样也日渐消瘦，我试过了，我努力了，可我没有这么大的力量拼起这面碎了的镜子。

今年的三八妇女节，我买了束康乃馨送给妈妈。妈妈没有说什么话，也没有做什么，她只会用晶莹的泪来表示她的感动。我静静地坐着，守着流泪的母亲，想着在这个城市另一角的父亲，抚慰自己滴血的心……

爱在无言中

李翡斐

铅华洗尽的年幼,学不会懂事;白驹过隙的年少,学不会关爱。每一次悄然而亲近的面对,都让我羞愧。

不想让人看透,所以我选择了桀骜不驯。一大早,我故作平静地同往常一样起床刷牙洗脸。然后在妈妈永不疲倦的眼神中,理所当然地吃她精心搭配的早点。

我把头埋得很低,用眼角的余光扫了一眼。妈妈的眼神告诉我她在期待些什么。她只是一个劲儿地看着我吃,然后笑得有些莫名其妙,一副欲言又止的样子。我知道,今天是三八妇女节,属于妈妈的节日。

但我吝啬地没有流露出一点祝福的姿态,甚至没有冲她笑过,只顾埋头吃,直到吃完。

走出厨房时,我清晰地听见了妈妈略带沮丧的声音:"今天是三八妇女节。下午我和你姑妈她们要去烧烤,庆祝一下。可能晚些回来。"我依旧只是漫不经心地回答了一声"哦"。

天知道,我那么期待这个节日,期待着表达对妈妈的爱。晨风抚过,我对每一缕空气说我爱她。爱她的关怀备至,爱她的坚强勇敢,爱她的善解人意。是的,我的妈妈,这个影响我一生的女人,需要我偶尔的呵护与关爱。

然后,我用一整天的时间驱赶着时间。我渴望放学。平生第一次走进花店,包起一大束笑靥盈盈的康乃馨小心地走在街道上,生怕清风会把它们吹坏。

我很幼稚地开始思考把花递给妈妈时该怎么说。是冲上前,笑着说一大堆"身体发肤,受之父母"的话,还是像港台片里深情款款地把花抱给妈妈,凝眸说声"我爱你"。

突然想起妈妈收到花的样子,她是否会惊喜地声泪俱下,是否会摸着我的头说我长大了,是否会怜惜地看着花高兴对我说谢谢,是否会……我惊讶于自己拙劣的想法、童稚的可笑,竟不自觉地笑出声来,那种久违的,发自内心的笑。

思索着,便到家了,越来越靠近家了。我愈加兴奋。顺其自然吧。我深吸了一口气。打开门,静静的,我恍然想起早上妈妈说的话,她还没回来,我有些失望。

为了给妈妈一个惊喜,我考虑再三,决定把花小心翼翼地放在妈妈的床头。她一眼便能看到的,然后心满意足地开始做作业。

直到傍晚,妈妈才风尘仆仆地回来。她忙不迭地问我:"是不是饿坏了?"然后像个做错事的孩子一样,抱歉地说:"今天玩得太过火了。"我笑着说没事。等到忙完了我的晚餐,妈妈才带着一身的疲惫回房。

远远地传来妈妈惊喜的笑声,在房里飘荡。她急急地捧着一大束花问我:"送给我的?"我笑着使劲儿点头。她有些受宠若惊地说:"今天真开心!"说着,便笑个不停。我突然很想告诉她我是真的很爱她。"妈,我是真的……你喜欢吗?"我有些语无伦次。我不知道是什么让自己变得犹豫不决。

终于,我没有说出口。后来,弟弟告诉我,妈妈在插花时抹眼泪呢! 我感到自己的不孝,我给的太少,以至于妈妈对如此俗不可耐的礼物也会这般激动。

材料议论文四步谈

材料议论文是近几年在中考中趋于成熟的一种作文形式,对训练学生思维,发挥学生想象、判断、推理的能力,效果十分明显。但是,如何写好材料议论文往往又是较难把握的。其实,要写好它并不难,关键是唱好四步曲。

第一步:扼要复述

这是体现材料议论文特点的一步,一般用于作文开头,对材料进行引述和拟用。换而言之,就是用极简洁、概括的语言总述所给材料,要求有重点,有倾向性,抓取材料中为文而用、凸显题旨的关键词句开篇入题,切勿照抄全文或滥引瞎引。

在此,应避免四种错误现象:

一是不述材,对材料只字不提,完全写成了一般性的议论文。

二是以词语代形,即用"以上材料""它启示我们"等词语代替材料,而对材料本身的内容撇开不表述。

三是改变原形,在复述材料时,随意发挥想象,加上一些材料中没有的内容,且过于详尽,喧宾夺主。

四是滞后述材,即一开头就提出论点,再复述材料,把材料作为例证。

第二步:引出论点

材料议论文与一般议论文在提出论点上是不同的,它要求文章的论点必须从材料中来,就是扣住所引材料,对特定事物、特定言行做简要评价之后,提炼出全文的主旨,即"意"。它是作者对材料中揭示的事或哲理的总看法和总观点。明末清初王夫之说:"意犹帅也,无帅之兵,谓之乌合。"清代袁枚进一步说:"意似主人,辞如奴婢,主弱奴强,呼之不至。穿贯无绳,散钱委地,开千枝花,一本所系。"可见,"意"的确相当重要。在此,应做到三点:简明、深刻、新颖。唯有简明单一,"删繁就简三秋树"(郑板桥语),才能避免枝节横生,自相矛盾。唯有深刻新颖,"领异标新二月花”,才能为下文的拓展论证奠定良好的基础。

第三步:深入阐述

这是论证是否有力的关键一步。它要求针对材料,剖析开掘,同时要求甩掉材料,跳出框框,将思维插上想象的翅膀,飞进现实,飞向生活,联系身边典型的例子。只有这样,文章的思路才开阔,理由才充分,才有说服力。然而,学生最感棘手的往往是找不到一定的事实论据和理论论据,使得文章始终徘徊于原地,无法铺开和深入。羽翼再丰满的鸟,不凭借空气也无法腾空翱翔;再通俗的观点,没有论据也将一筹莫展。“冰冻三尺,非一日之寒”,论据的选择、提炼自然非一日之功。然而,当我们确感“山穷水尽”时,不妨走走“终南捷径”,极力地搜索运用语文、政治、社会、自然等教材中出现过的材料或与现实生活密切相关的事实材料,这样,还会得到阅卷人“活学活用”的评价。如要论述珍惜时间的观点,即可选用《说“勤”》《功名难夺报国心》《今》《匆匆》《牛顿》等课文材料。

第四步:回扣材料

它属于文章的结尾部分。俗话说:“编筐编篓,全仗收口。”尾是否收得有力、峭拔,直接影响整篇文章的质量。议论文的结尾往往是总结全文、发出号召,或启迪后人、警策来者、勉励大家。但务必注意的是,材料议论文的结尾应以一两句话回到材料上与开头呼应,点明要害。

下面是某年中考作文中提供的材料,要求据此写一篇议论文。

开学初,光明中学初三(1)班的王强同学当选为班长。可是他心里犯难了。他觉得,毕业班的功课够紧张,哪有空闲来做班级工作。更何况他妈妈多次叮咛:好好读书,争取考上重点高中。

根据笔者和各位老师批阅的情况来看,学生们大多能提出鲜明的观点,结尾部分亦能或明或暗地呼应材料。但开头部分往往偏离轨道,所犯错误已于前文分析。在第三环节——深入阐述部分往往粗浅单薄,没有具体的事例来论述。当然,有的考生各个环节都把握得不错。《鱼和熊掌不可兼得吗?》一文可谓其中的代表。下面且让我择要述之。

开头:近来,王强同学正为当选为班长而苦恼,“毕业班的功课够紧张的,哪有空闲来做班级工作。”是的,这也是初三各班普遍存在的一个问题。可我不禁要问:

难道就不能既做好本职工作,又抓好学习吗?

结尾:别再犹豫了,王强!古语云,鱼和熊掌不可兼得。但我相信,你会以自己的行动证明——"鱼和熊掌可兼得!"

以上内容,先扼要复述材料,再以反问引出论点。结尾呼应开头,简洁有力。寥寥数语,完成了"三步"。那么,该考生又是如何来成就最占篇幅的"深入阐述"部分呢?

小作者先列举了两个事例:牛顿当英国皇家学会会长几十年间,依然硕果累累,在科学星空中大发其光;张海迪担任残联副主席期间,攻下了硕士学位。然后从社会的需要、能力知识的关系、同学老师的信任等角度加以论证,可谓全面透彻。

综上所述,要写好材料议论文是有章可循的。

也谈作文的"三重境界"

晚清学者王国维曾以借喻的方式表达了做学问的"三重境界":第一境界是"悬想"阶段,即"昨夜西风凋碧树。独上高楼,望尽天涯路"。第二境界是"苦索"阶段,即"衣带渐宽终不悔,为伊消得人憔悴"。第三境界是"顿悟"阶段,即"众里寻他千百度,蓦然回首,那人却在灯火阑珊处"。其实,这正是创造思维过程的具体反映,而作文,堪称严格的综合性创造思维体操,同样需要步入以上"三重境界"。

望尽天涯路:全面积累

冰冻三尺,非一日之寒。骐骥千里,非一跃之功。积累,乃作文的前提。

一、阅读积累

"胸藏万汇凭吞吐,笔有千钧任翕张。"(郭沫若)只有一定的量的积累,才能达到质的飞跃。马克思博览群书写《资本论》,冰心受《三国演义》启发,写出了《尼罗河上的春天》。《诗经》有云:"高山仰止,景行行止,虽不能至,然心向往之。"名著是取之不竭的精神食粮。美国教育思想家赫钦斯认为,"没有读过名著的人,就算不上一个接受过教育的人。"因此,我们要放开眼光,给学生足够的空间时间,带领他们遨游于名著的海洋。比如,在假期,布置学生看两本以上名著,并开展写读后感比赛。平时,在每周五节的语文课中专门设立一节阅读课,推荐学生看《小小说选刊》《散文》《科幻世界》《杂文选刊》《故事会》等。

二、观察积累

法国画家莫奈在为伦敦教堂作画时,将雾画成了紫红色,由此引发了一些英国人的争议。他们认为雾应当是灰色的。后来,事实证明莫奈是正确的。

为什么英国人不知道伦敦雾的颜色呢? 就是缘于缺少观察。"应该观察,然后再观察,再观察。"这是法国自然主义大师福楼拜写给他的学生莫泊桑的写作箴言。生活并没有亏待我们,关键是我们是否做了生活的有心人,正如契诃夫对一位青年所说:"您看这堵墙,似乎它连一点有趣的地方都没有,可是您凝视着它,就会在那里有所发现,找到别人以前还没注意到的东西,那您就可以把它写下来了……"我们要千方百计地引导学生"凝视"生活,留心周遭,把一些看似芝麻大小的事以日记、随笔的形式存入"资料库"。同时,让学生学习果戈理的做法,随身携带一个笔记本,将观察所得、闪现的灵感及时记下。

三、实践积累

鲁迅先生曾言:"必须和实际社会接触,使所读的书活起来。"脱离生活、缺乏实践的作文无异于无源之水、无本之木。毛泽东写《湖南农民运动的考察报告》时,深入农村达一个月之久;茅盾创作《子夜》前,曾花半年时间"探亲访友",半个月时间常常出入于上海有名的交易所,挤在商人、掮客堆里,体验金融市场的生活。社会才是真正的大课堂。结合学校的"社会服务课",我积极引导学生为自己、为他人、为社会服务。比如:勤做家务、为群众写春联、卖报纸、用擦皮鞋的钱和贫困孩子结对子等。

同时,让学生选取课题深入社会。如"居委会三角空地绿化的最佳方案""没有钟表的情况下判断时间的20种方法""赡养老人情况与子女文化程度的关系"等。众多学生的采访、调查、服务,赢来了胆量、信心、能力,更赢得了社会的一致好评。

总之,多阅读,多观察,多实践,将使学生心中有"素",为成就作文奠定基础。

为伊消得人憔悴:确切表达

积累不等于作文,通过阅读、观察、实践所积累的东西,不能把它当成宝贝束之高阁,藏之深柜。"蚕食桑而所吐者丝,非桑也。蜂采花而酿者蜜,非花也。"(袁枚《随园诗话》)我们要对生活、对素材进行认真的思考,深入的分析,以求"吐丝酿蜜"。

古人云,意犹帅也。首先,当在感受生活的基础上高屋建瓴,力求材料和中心的一致。比如,人们往往用蜡烛颂扬教师的献身精神,但也可以根据不同的角度确立不同的中心。可以从蜡烛笔直的干,从上到下一根芯,想到一生刚直的彭德怀式人物;从现代生活中很少用蜡烛,偶然用了又马上冷落,但它毫无怨言,仍可以发光,想到身残志坚的张海迪式人物……其次,要注意语言的表达。这是至关重要的一环。不少学生之所以"谈文色变",很大程度上缘于有东西表达不出。老舍曾说:"从生活中找语言,语言就有了根。"生动、准确的语言才能更好地反映生活。同为咏雪,谢安对谢朗的"撒盐空中差可拟"表情冷淡,而对谢道韫的"未若柳絮因风起"倍加赞赏,就因为后者更"生活",更生动。

语言是一种形态的东西,是思想、知识外在的表现形式。追求语言的准确、生动,绝非单纯地关注语言本身,而是向读者展示自己的人格、传授生活的认识。因此,不能仅仅因为朋友长得有点黑就将其写成"黑猩猩",不能以"猛虎野狼"来赞赏教师的严格要求。名作家之所以能用"活"语言,与他们真切地感受生活,认真筛选语言的态度是分不开的。法国作家福楼拜常常为了找一个好词不顾一切,他说:"当我静静地思考时,词儿就像罗马的车队一样,一辆一辆地在我脑际辗转而过。"又说:"我每天好像在语言的长河里游泳,去寻觅那一个个最恰当、最贴切的词。"而我国女作家叶文玲则善于借鉴成功的语言,推陈出新,化神奇为更神奇。她从《西厢记》中对莺莺的描写"这脸儿吹弹得破",联系到河南人说雪白粉嫩的人为"鸡蛋二层皮",而将《晚雪》中的女主人描写成"从笋壳里剥出来的",既不失原汁原味,又别出心裁。

当然,要让学生像福楼拜般痴迷,叶文玲般独运文思,甚至达到"为求一字稳,耐得半宵寒""两句三年得,一吟双泪流"的境界是不容易的。但我们往往有这样的体会:思考越成熟,办事越周全。草草率率容易顾此失彼。因此,不要胡乱下笔,要多给大脑思考分析的时间,这样,大脑就会把"过去有关的全部知识紧急动员起来,使思维处于一触即发的关头。一旦得到启发,就像打开电钮一样,全部电路突然贯通,立即大放光明。"(王梓坤教授语)

如今,"快速作文"风似乎刮得一阵紧似一阵,它固然有其存在和发展的必要,但一味快速,容易使学生养成粗浅甚至敷衍的毛病。笔者通常以"周记"训练快速,却提倡慢速"作文"。一般要给学生几天的思考分析时间,同时,将它与三分钟演讲有机结合,以便得到更多的"启发"机会。叶圣陶在《拿起笔之前》中说:"语言是有声无形的文章,文章是有形无声的语言。"口头表达和书面表达本是密不可分的。让学生在课前谈谈材料的选择、线索的安排、记叙的顺序甚至某处语言的设计,无论是对演讲者还是听众都是大有裨益的。比如文题《一对好朋友》,张帅同学讲到他和某同学由于同爱足球,各自成立了某某队,在竞争中有了矛盾。后来老师让他们写国内外十大名人,作为评选三好学生的参考,"我"情急之下,胡诌了一名球星——菲特,被球迷老师识破。此时,"我"的对头主动替我解围,并将此"星"的国籍、队名编得有板有眼。"我"感谢他的援助,终于握手言和。其时,学生听得兴味盎然,不时被张帅同学生动的语言、真切的情节引出一阵阵大笑。同时,也听出了毛病所在:包庇朋友不是真正的朋友。通过共同探讨,终于使故事合情又合理。该次作文选材新颖,语言活泼,后有两篇见诸报刊。当然,分析表达更多的是作者本身的思考,也可在两三位同学间进行。

众里寻他千百度:反复修改

众所周知,曹雪芹写《红楼梦》,"披阅十载,增删五次",列夫·托尔斯泰写《战争与和平》,仅开头就修改了十五次。正如何其芳在《谈修改文章》中说:"古今中外,凡是文章写得好的人,大概都在修改上用过功夫。"清人唐彪认为:"文章不能一作便佳,须频改之方入妙耳。此间学人必不可不知也。"然而,综观作文教学现状,往往是"学人"下笔即成文,心安理得地把"移山"任务交给教师。而教师的精批细改,却换来学生的"不屑一顾"。究其原因,主要在于学生没有体会"改"的辛苦,更无从领略"改"的欢欣。在他们眼里,作文即纯粹的"写","改"是教师的事。试问:又有哪位作家是靠他人"改"出作品的?《语文课程标准》明确指出:"重视引导学生在自我修改和相互修改的过程中提高写作能力。"作为教师,不要做修枝剪叶的园丁,而应做指路人,指出学生作文的优劣,重"批"而少"改"。改的主动权,应该交给学生。

唐朝李沂说:"能改则瑕可为瑜。"成功的修改往往能给一篇作文以"新生"。修改要立足全篇,统观全局。先审视一下立意是否正确,观点是否鲜明,取材是否精要;再来考虑布局是否严谨,衔接是否自然,遣词是否贴切。切不可一执笔就着眼于局部。凡与中心无关的词句,即使再精彩,也不能"私于自是,不忍割截"(白居易语)。听说,欧阳修将文章写好后,总要贴在墙上显眼处,"坐卧观之,改正尽善"。他的名作《醉翁亭记》的开头原为"环滁四面有山,东有乌龙山,西有大丰山,南有花山,北有白米山"。欧阳修反复推敲,觉得文章是写醉翁亭的,用这么多笔墨来写滁州山景,岂不喧宾夺主? 于是,原文精练为"环滁皆山也"五个字。鲁迅在小说《故乡》发表后,又对它做了三十多处的文字改动。其中一处,将"我所记得的故乡全不如此。我的故乡好得多哩"中的"哩"字改为"了",从而去了童稚轻滑,多了持重老成,并表达出了怀念和忧伤的情感。一字之易,却使文句质变生辉。英国作家王尔德也堪称注重修改的典范。有一次他宴请宾客,却不见其影,原来去做了"一件极其重大的工作,删去了一个逗点,但经过反复思索,又加上去了"。

修改文章的方法很多,如对比寻异、名篇仿照、熟读深思、搁置回顾等。我认为,搁置回顾是一种很可行的方法。鲁迅先生修改文章常常"等到成后",搁它几天,再"复看"。他的回忆性散文《五猖会》原有一句"我的家很偏僻",后改为"我家的所在很偏僻",正是通过"搁几天",发现了语病。俄国作家果戈理也总是把写好的东西放起来,搁一两个月后,再拿出来看,把多余的删掉,缺少的增添,粗糙的润饰,力求精益求精。他说:"应该这样认真做八次。"这一如清代戏剧家李渔所说:"隔日一删,愈月一改,始能淘沙得金,无瑕瑜互见之失矣。"那么,为什么修改作文需要"搁置"呢? 我想其间的道理非常浅显。刚写出作文稿时,我们的思维囿于一个框框,无法换角度多侧面地进行再思考。而当"冷却"一段时间以后,大脑各方面又将处于积极的思维状态,从而产生"茅塞顿开""恍然大悟"的感受。

为培养学生修改的习惯,笔者在布置作文时强调修改及修改的方法,在批阅作文前,先检查修改稿,将其和作文结合打分,并将两者中的成功点、失败处做好记录。讲评时,不仅讲作文,更评修改。虽然,"改,比写常要费时间,但费的时与力是值得的。不经过这,写的能力不会提高。"(谢觉哉《写文章的关》)我们做教师的,知道许多批改的方法,如全批全改、互批互改等,却往往忽略了学生的自身修改。我们也许认为,应考作文由于时间、卷面的限制,不允许学生如此之"改"。殊不知,没有平时的掂量斟酌,何来考场上的如鱼得水?作文,不应该仅仅作为学子上交的"作业",而作为个人的爱好甚至专长,可以贯穿整个人生,那么,就更需要自我修改了。

在作文教学中,笔者注重学生内在的积累、分析、修改,使学生作文呈现出盎然的春色。学生作文的发表和获奖都取得了喜人的成绩。我想,只要我们遵循"悬想、苦索、顿悟"的创造性思维规律,定将成功地步入作文的"三重境界"。

第三单元

你是我奔跑的草原

你是我奔跑的草原

我是一个贫穷农家的平凡女孩。小时候,我喜欢在田间小路上奔来跑去,看着路边的芨芨草、婆婆纳纷纷往我身后退。可惜路很窄,我经常会滑入田野踩坏庄稼,甚至一不小心扭伤脚踝。

夜晚的灯光下,经常是母亲在缝补着什么,我在看翻得泛黄的小人书《我的老师》。贫瘠的阅读,给了我在小路上奔跑的感觉。慢慢地,当一名老师成了我的憧憬。16岁那年,我终于跑进了师范,三年后,在乡下当了一名初中语文教师和快班班主任。教第二届学生时,我又当了两个班的班主任和团委书记,任教两个班的语文和音乐。

我紧张,惶恐,不知如何撑起如此重的担子。一次偶然的机会,我看到了《斯宾塞的快乐教育》,从此解开了迷惑。我尝试着把书中的理念请进我的教育,我的班级我的课堂便有了越来越多的激情和璀璨。我的两个班双双成为先进班级,我自己也获得了不少市级荣誉。

由此,我这个毫无背景的乡下教师作为教育教学骨干被选优进了城,成了很多人羡慕的城里人。

一个更严峻的教育环境摆在了我面前。但全新的环境、激烈的竞争,并没有让我害怕。我知道,书会给我力量。它们就像一件件温暖的衣裳,裹住了我那颗原本自卑不安的心。

其时,我身体里的不健康因子日日叫嚣着。严重的神经性耳鸣几乎让我崩溃。因为多次人流,我每天肚痛腰痛……

是阅读给了我支撑。

我遇上了力克·胡哲,走进了他的《人生不设限》。比起没有四肢的力克·胡哲,我显然比他幸运。他的坚忍执着给了我力量,同时也让我产生了倾吐的欲望。虽然,二十多年来,我没有发表过只言片语。我决心拿起针和线,跟随自己内心的引领,一步步走出自己喜欢的模样。

也许,痛苦并不可怕,可怕的是我们背叛了自己的内心,成了痛苦的帮凶,成了没有追求的无趣者。我要甩开缠住我脚踝的杂草,轰轰烈烈地爱一场,消灭潮湿的自己。

阅读和写作就像一扇美丽的窗,打开它,会刮来柔软的风,还有那摇曳在风里的梦。它们就像氧气,让我活了过来。

阅读,给了我温润的灵魂。生活,给了我另一种模样。

如今,我多病的身体依然在折磨我,但我的内心像向日葵一样,饱满坚定,明亮无畏。

只要一钻进书,我就像策马奔跑在草原上。我没有了儿时跑在小路上的顾忌,那份在心灵草原上纵横驰骋的不羁,帮我扫去了岁月的单调与苦痛,迎来了事业和兴趣的阳光。

读书者，是我一辈子的身份

打小，我就是一个自卑的孩子。贫穷的家境，普通的长相，让我的内心长满了衰败的杂草，像家门口池塘边的石板，粗糙，卑微。

识字以后，我的世界才慢慢有了色彩。

1

印象中，我的姑婆很老。脖子似乎只长皮，青筋道道凸起，像做种子的丝瓜，也像小人书里面画的巫婆。但我还是盼望去姑婆家。

姑婆家的板壁上糊满了报纸，它们泛着时光的焦黄色，像一个魔幻世界吸引着我。

我爬上凳子，侧着身子，歪着脖子，看起了报纸。爸爸在隔壁和姑婆聊天，我独自一人在相邻的房间，畅游在一个独特的世界里。它是隐秘的又是公开的，是辛苦的又是快乐的。

咚，伴着沉闷的声响，我从凳子上摔了下来。凳子旁边刚好放着姑婆磨豆子做豆腐用的石磨，我的下巴磕坏了，流了血，牙齿也有些松动。

爸爸和姑婆迅速赶到。爸爸看着我的伤口和表情，心疼地说：“想哭就哭出来。”我拉住衣服的下摆，抻了抻，看了一眼焦黄色的报纸，摆出一副勇敢的样子，说：“可以流血，不能流泪。”

爸爸说，文字像醇厚的酒，把我的痛感麻醉了。姑婆说，我年纪小，受了惊吓，已经顾不上疼痛了。其实，他们都只说对了一半。

我，是被那些方块字俘虏了。

2

小时候，我家的厕所白天黑夜都是灰暗的。厕所两边是猪栏，四只猪整天哼哧哼哧地发出声音。夏天，猪尾巴甩来甩去，那是在赶蚊子、苍蝇。

我最讨厌蚊子、苍蝇了。它们嗡嗡的吵闹声，让人烦不胜烦。一旦被蚊子叮上，痒痒的，特不舒服。

6月的一天，我借得一本 Willard Price 的《哈尔罗杰历险记》，看着看着，我的肚子往下坠了。憋了好久，终于挡不住，我就把书带进了那个暗暗的厕所。

我跟着19岁的哈尔、13岁的罗杰，闯荡在一个奇幻的世界里……

不知过了多久，妈妈回家了。她大声喊着，叫我给爸爸送水壶去。我从书中回过神来，赶紧站起来，却发现自己腿麻得厉害，人也站不直了。我像我们村里背最驼的那位老人一样，一步一步挪到了妈妈面前。

妈妈一看大吃一惊："怎么了你？"

"没，没什么。"我有点龇牙咧嘴，右手紧紧攥着那本《哈尔罗杰历险记》。"你看你的脸，你的手，被蚊子叮成什么样了！"妈妈看了一眼我手中的书，又生气又心疼。我摸了摸手臂上的"红包"，心里很纳闷：我怎么会不知道呢？

原来，当你全身心地爱上书，那些烦人的蚊子苍蝇，就会被自动忽略。

3

10岁那年，老师叫我领舞《八月桂花遍地开》。我们排练得非常熟练后，老师带我们坐车到了县城。

县城的舞台和我们平时练的操场完全不同，我们的脑子在明晃晃的灯光下成了糨糊，一场舞蹈就这样搞砸了。我的心里像藏着快要窒息的青蛙。老师却还是乐呵呵的，她给了我们每人两毛钱，说是奖励我们的。

县城好大好新奇，同学们用两毛钱买吃的买玩的，演出的不愉快马上冲散了。

我想买书，却不知道书店在哪里，一个人走啊走，终于在南街的最北边找到了书店。我花9分钱买下了一本作文选。剩下的钱，我准备交给爸爸。从营业员手中接过作文选，我蓦然发现有两个封面封底，心里乐得像考试得了全班第一名。

我一边翻看一边走出书店，猛然发现我和老师同学走散了。我不知道回去的路怎么走。

索性，我在书店门口的台阶上坐下了。我翻开新买的书看了起来，像突然被解冻的鱼儿一样，我欢快地游动在文字的溪流中。

不知什么时候，老师出现了。"你这个小书虫，我就猜会在这里。"老师说着笑了,居然没有一点责怪。

老师自然是知道我的。老师的办公桌一角叠着书,有时她还会借给我一两本。我总是在最短的时间里还给她。每次,我都会暗暗地想,如果我也是老师,该多好。

4

没想到,19岁那年,我当上了初中语文老师。

我特别羡慕即将退休的杜丽华老师。

她管着学校的图书馆,整天可以自在地看书。每次看着她把杂志书籍装进自行车后兜,往操场西边的图书馆骑去,我就无端地想,什么时候,我也能干上这份差事呢?

可是,我发现,老师们基本不往操场西边走,我想约个伴也不容易。一次,我终于鼓起勇气,出现在杜老师面前,出现在一架子一架子的书面前。

"老师,可以借书吗?"低低的声音,像是从我的鼻子里出来的。

"当然啦。欢迎多来走走。我老是一个人呢。"杜老师的母亲是奥地利人,她那双深邃的眼睛,笑起来特别好看。好看的笑容给了我胆量。

学校借书很简单。什么时候借了什么书,写在一本本子上,在后面一一敲上"已借",还书的时候,再一一敲上"已还"。

一周一周地过去,那本敲章的本子上写满了我的名字。每次,我会借上10本左右。一开始,杜老师会验收,所有的章都由她敲。慢慢地,她就全由我自己敲了。

这份由书搭建的信任像冬天的炉火,温暖着我的心。

那几年,市教坛新秀、市星级教师、市优秀导读员、市教育系统先进工作者等荣誉接二连三地向我奔来,同时,语文、综合、心理等优质课评比以及四项全能赛、青年语文教师擂台赛等等,我都获得了市第一名。

面对他人敬佩的目光,我在心里说:"书,谢谢你,军功章里,有你的一半。"

5

书读多了,我也有了写的欲望。

如今,我已出版了《棒棒糖》《巧克力》等9部书,在《人民教育》《读者》《微型小说选刊》《知音》等报刊发表了2000多篇文章,顺利叩开了省作协的大门,成了他人眼里的作家。

我由一个单纯的读书者摇身一变成了写作者。在时间的洪流里,我用文字留下脚印,笨拙却不乏甜蜜。

　　但我知道,读书者,是我一辈子的身份。正是广泛的阅读,让我把一个个日子敲成了春风绿叶;正是不间断的阅读,给了我梦想的翅膀和人生的坐标。

　　因此,我和书的故事,必将以更美好的姿态延续。

20余年办班刊的快乐与收获

最近,东阳市星级文学刊物评选结果揭晓,东阳市吴宁一中的班刊《金秋》以第一名的成绩被评为三星级文学刊物。它是文学刊物评比中唯一以班刊的身份得奖的。我的学生每每讲起初中生活,就会提起班刊,津津乐道班刊给他们带来的种种改变。

1991年,当我用铁笔在钢板上一笔一画地刻着学生的作文时,没想到这个工作一做就是20多年,更没想到,这个工作会产生那么深远的影响。

办班刊,激发学生的创作热情

当时,我从学生的周记里挑选了3篇优秀文章,用铁笔在钢板上一笔一画地刻下它们,再到油印室用油墨印刷出来,给每位学生分发一张。

拿到这份班刊,学生们非常激动。有位叫王玲的女生热情很高,把周记改成了日记,还跟同桌比赛,看谁得到老师的评语多、选上班刊的次数多,几周过去,一本周记本就用完了。

1996年,考虑到油印纸麻烦、印刷效果不好、不易收藏,我就把班刊改成印刷书籍,取名《金秋》,容量也由以前的3篇扩展到70多篇,再到后来的150多篇。任务加重后,很多个周末,我都在批改作文、校对文章中度过。就这样,第一本"书"一样的班刊诞生了。那时的插图,都是我和学生直接画上去的。

"班级的,个性的",是我对班刊的定位。孩子们捧着印有自己作品的刊物,一个个兴高采烈。当时来校视察的市领导许秀堂连声赞赏这是一件很好的事,勉励我坚持办下去。

每当我感到太辛苦想放弃的时候,我都会想起当年许主任说的话,想起学生收到班刊时兴奋的眼神。就这样,我一直坚持着,走过了20多年。

每每写好一篇作文,我都会在最短的时间内批阅出来,在我的工作笔记上做好点面上的记录。同时，在优秀作文的题目边打上五角星，表示被选入班刊了。当然，还会有一些修改的建议。

每次发作文本，学生首先看的就是这个记号。为照顾全班学生的积极性，我对每个学生的要求是不一样的。大家都有在班上展读和在班刊中发表作文的机会。

学生的创作热情是我们无法想象的，一旦激发出来，怎一个"爽"字了得！每一个班，我们都有几位特别爱写的学生，他们将自己的爱好定为写作，甚至表示自己的理想是成为作家。他们相互比赛着，努力着。每周一篇的作文，往往一写就是2000多字。王莉同学还创下了一周写完一本作文集的纪录（我让学生自己做作文集，取好名字，设计好封面。那些特别雅致优美的，我真恨不得一一拍下来保存）。暑假后，她交给我两本作文集，还告诉我，哪一篇是半夜一点的时候来了灵感写下的。现在，不少学生有了博客，甚至写起了长篇小说。这些，都源自班刊激发的热情。

办班刊，让孩子们知道了真诚为人

办班刊的过程是一个爱的教育过程。刚创班刊时，我不仅要教两个班的语文，还是校团委书记，又担任了两个班的班主任，兼两个班的音乐。工作很忙，身体又不好，编辑一本班刊不是一件轻松的事情。

可是，一切都是值得的。学生给了我很多的温暖和感动。家长也受到了他们的影响。我至今记得上王村一位当过村主任的老人说："王老师，您做什么，我们都支持。全村的工作我都可以做。"我将自己的一些感触记录在班刊里，和学生的文章放在一起，和他们进行真情互动。

我总认为，作文和做人休戚相关，只有先重视学生的思想教育，才能让学生以心灵去写出生活的美文。班刊，让学生多了一个了解老师的渠道，并更好地沉淀心灵，焕发爱心。那时，在我的带动下，学生坚持帮黄泥塘弄一位叫黄香光的老人打扫屋子、洗衣服、整理废纸（老人是捡废纸为生的，学生就将废纸收集在一起，帮她卖掉，还将自己的零花钱偷偷地夹进去）。平时学校的厕所堵塞了，我班的学生就会站出来清理。张美萍等同学毕业以后还延续了照顾黄香光老人的工作，直到老人去世。这些经历，不仅教育了学生怎么做人，也给了他们全新的作文素材。

我们的班刊栏目不少，有师心如水、我爱我家、校园之声、未来诗人、同题擂台、青春思绪、走近名著、小说之窗等等。这些栏目都不是随意开设的，它很好地架起了学生、家长、老师、社会之间的桥梁。同时，我还放进我们的一些照片，有上课时分、家长会、黑板报、墙报、运动会、社会体验以及师生生活照等。我们还邀请家长来听课，和学生进行面对面的沟通、游戏。

时间会流逝，文字才能将美好留住。班刊，就起到了这样的作用。在悄无声息中，它拉近了师生之间的距离。即使我不是班主任，家长们仍喜欢将琐琐碎碎的事情交给我，比如，让孩子喝牛奶、衣服穿暖，沟通母女关系什么的。王琳婧的家长韦丹阳专程给我写了一封信，其中说："我十分钦佩王老师的教学理念和爱生如子的为人，我想你的教导会让我的孩子受益终身。"

办班刊，快乐像路一样延伸

2004年，我参加了华东师范大学骨干教师高级研修班，陶保平教授得知我坚持多年办班刊一事后，不禁竖起大拇指："了不起，你有这么多的学生作文，你就是研究作文的专家。"

是的，因为每学期要出一本10多万字的班刊，我拥有了大量的学生作文，也使他们的作文以每年几十篇甚至上百篇的数量发表。这个数字是我教师工作中最引以为豪的。《作文》《语文教学与研究》《初中生优秀作文》《语文周报》等十几份报刊以专栏的形式推荐并发表了《金秋》及学生作文。我自己也被评为金华市作文优秀指导教师、浙江省作文最佳指导教师、全国作文优秀指导教师等。

有位叫王京华的学生，学习成绩很不理想，原来对作文不感兴趣，通过班刊不仅喜欢上了写作，还得了《金华晚报》佳作评比一等奖。有一次，我无意中发现，他居然随身带着那本证书。可以想见，它在学生心中的分量。学生郭佳钰和王雪畅分别获全国、省作文大赛一等奖。一年里，她们就发表了20多篇文章。谈到对作文的热情，两位学生都提到了班刊。是的，这是我们每一位学生的心声。

我们的班刊《金秋》已成为学生的"情结"。他们在毕业后经常写信给我，重温班刊带来的快乐。一些高中生看到班刊后，也写信给我，说非常愿意当我的学生，做我的朋友。有的别班的学生还会在路上等我，向我问要班刊。著名教育家魏书生欣然送我题词："潜心写作心涌乐，忘我教书我常新。"

感谢班刊，是它让我的教学之路书写个性，收获快乐！

这位语文教师是怎么让学生"得天下"的

浙江教育报记者 黄莉萍

那个秋天,雨没完没了,下个不停。

祖母每天都被雨声惊醒。她天天坐在门槛上,安静地坐在那听着雨。

全家人都很惊讶。因为,祖母的耳朵在很久以前就聋了,必须有人在她耳旁大声喊,否则,她什么也听不见。

——七(8)班 朱凯元《玉纽扣》

爷爷有一只精致的青花瓷碗。

珍珠般的碗身,青色线条如烟雨勾勒,孔雀蓝渲染了线条,如众星拱月,结成一朵怒放的青莲。

从记事起,爷爷便有了这只碗。爷爷总是抱着我,把我放在他腿上,坐在床上,呆呆地看着瓷碗出神,仿佛这碗中装了一个人。

天真的我总会把手伸到爷爷眼前,摇晃两下,带着无邪的笑容:"爷爷傻了呀。"爷爷笑了,皱纹堆成一堆,摸着我的额头说:"嗯,爷爷傻。"

——七(8)班张喆政《青花瓷碗》

"不,我不要。"我死命护住我那一头可怜的头发。

不知老妈从哪里学的,居然买了一套理发工具! 如果理得好也就算了,可每次都硬生生给我理成"一休哥",你说气人不? 我不要求有多么风流倜傥,总不能变"和尚"吧。每次被老妈"修理"完,我都有种想买个木鱼"咚咚咚"地敲的感觉。

——七(8)班王乐凯《我的烦恼》

走进办公室,我按照平常使用的"中微子传"感应器从住在地球的科研人员那里获取最新资料。五百多年来,我们的努力有了成果,那些已经逝去的科研人员留下的资料使现在的研究进展十分迅速,我开心地把资料进行了存档保密。

今天我又去集合点的高楼看日出。如今的太阳,已变得越来越小,越来越淡。能看到日出是一件奢侈的事情。太阳似乎快要消失,周围的水很清,隐隐约约地有幢楼房在水下。

——七(7)班张子安《消逝的日出》

街角的转弯处有一家咖啡店,外面种着大片大片的紫藤花。正是花开的时节,紫藤花淡淡的清香在空气里弥漫,墙上是大片蓝色的海浪花纹,无端让人感到神清气爽。

里面一位长发姑娘,正在认真地摆弄手中的满天星,一缕阳光正好洒在少女脸上,让人感到美好。进来的客人看见少女都会说:"你看,她就是电视上那个声音很好听的主持人。"这时,少女就会朝他们微微一笑,用婉转好听的声音说:"欢迎你们的到来。"

——七(7)班蔡璐瑶《十年后的我》

突然,我听到一个声音在呼救,循声找去,是一块石头压住了一只小蚂蚁。小蚂蚁哭着说:"刚才我正在搬一粒豆,忽然地动山摇,不知从哪飞来一块大石头,正好压住了我。我动不了了,救救我吧!"我用力去推那块石头,可石头纹丝不动。小蚂蚁哭得更厉害了,怎么办呢? 我想起科学课上学过的杠杆原理,赶紧找来一根木棍,找到一个合适的支点,把全身的重量都压在杠杆上。大石头慢慢地松动了,小蚂蚁终于爬出来了。小蚂蚁告诉我,它是蚁后最喜欢的孩子,我救了它,蚁后一定会请我去做客的。

——七(7)班胡皓翔《午后奇遇》

…………

这样的学生作文,读来是不是已经有点余韵丝丝连连、盘盘旋旋的感觉了? 这当老师的碰到这样的学生,是不是也有些小确幸?

然而,就在9个月前,这些孩子的语文老师王秋珍有着这样"目瞪口呆"的描述——

自白:学生作文玩的全是套路

2016年9月,我迎来了一批新学生。他们就是浙江省东阳市吴宁一中七(7)班和七(8)班,每班各53名的学生。

这些刚上初中的孩子,来自附近的学区,学习基础给不了教师惊喜,写的作文却让我目瞪口呆。

他们的作文,似乎有一个公式,一篇篇往公式上套就可以了。开头总是一圈一圈绕着题目转,写一些空话废话。

《我的老师》一文很多人这样写:"每个人都要上学,都会遇到不同的老师,有幽默,有严肃,有宽容……我要写的老师是谁呢?请听我细细道来。"

《我的偶像》这样开头:"每个人心中都有自己的偶像,而每个人的偶像又是不一样的。有的偶像幽默,有的偶像博学,有的偶像长得好看。我的偶像是谁呢?请你听我细细道来。"

作文的内容更是千篇一律。写老师,总是老师带病上课;写《我最尊敬的人》,一篇篇都是在讴歌雷锋叔叔、扫马路的环卫工人、捡垃圾的老奶奶……写的是假大空,玩的是套路。

这样的作文,如何能"得天下"?

其实,写作是一件好玩的事情

王秋珍决心从作文的源头入手。

阅读是输入,写作是输出。每周她都拿出一到两节课给学生阅读,有时大声地朗读美文,有时谈谈阅读心得,有时就静静地看。

她让学生做摘记,发现他们摘的几乎全是词语,什么阳光明媚、花好月圆。于是,她又指导他们如何欣赏一篇文章,如何做好摘记。

她还让学生表演课本剧,进行角色扮演;让学生上课,尝尝当老师的滋味;布置师生同题作文,一起来写小诗、小文;让学生讲故事接龙,培养想象能力……她还经常和学生分享自己的构思以及写作过程中的趣事。

每次作文之后,她总是以最快的速度批改出来,还用一个专门的本子记录作文的批改情况。谁哪里写得不错,谁哪句话非常好,谁的开头又是老一套,谁的主题没有正能量……她打给学生的作文分数总是很高,一般的给90分,特别不好的也给80分,93分以上就送一个五角星表示被选中,可以打成电子稿。写得用心的作文,她都找作者面批,让学生仔细修改。

每天,学生们都会来办公室转:"老师,作文改好了吗?"

每次的作文讲评课，她让学生自己当老师，当朗读者，当好评师，也当差评师，在朗读和评点中找到感觉。

学生的写作热情就这样被激发出来了。

有一个周末，王秋珍宣布不写作文。全班居然嚷起来："为什么呀?还是写吧。"有一回课堂作文，题目二选一，俞嘉焕同学写了一篇，没下课，非要再写一篇……

每个人都能当写作高手

兴趣很重要，但光有兴趣还不够。学生学习基础参差不齐，有的学生写出一句通顺的句子都难，如何谈发表? 如何成为写作高手?

王秋珍决定给学生讲一些写作的方法。写作需要天赋，更需要方法的指引。王秋珍写出了作文指导系列，如《隐藏在文字里的魔术》《让你的语言美起来》《以物象为载体，写出真挚情感》《排兵布阵，让文章层次分明》《千古文章意为高》等。她把自己的发表文章和往届学生的发表文章作为例文，亲近而易学。

后来，学生们这样说——

领稿费单时，老师双手递给我，我非常非常高兴。阿秋老师是我人生中最重要的老师，她的出现让我这个不喜欢写作的人也爱上了写作。

——金思怡

不到一年，我们全班同学都实现了把自己的作文变成铅字的梦想。也许大家看到的是自己的风光和幸福，却未曾想过有一个人在你背后付出，即使有严重的神经性耳鸣和颈椎病的困扰，也不停止工作的脚步。

——张骋

其实，直到现在，我还没有从发表两篇文章的喜悦中醒来。我的作文基础特别不好，可是阿秋老师始终不放弃我。是她不厌其烦的指导，才有了我的今天。

——张柠

当老师祝贺我的文章发表在《做人与处世》上，我迫不及待地跑上去领装着杂志的大礼包。我的脸仿佛不受我的指挥，我一直告诉自己要矜持一点，矜持一点，可我根本控制不住啊。心中仿佛有一亿朵花一下子盛开，脑子一直嗡嗡在叫，脸也像搓了辣椒。我只听见了棒棒糖老师的夸奖和同学们的掌声。那一刻，是生命中最美好的记忆。

——王童

遇到王老师,我拾起了年少时的作家梦。《坏孩子》《一朵花在心田》《满天星》《周末时光》《我想对你说》《橡皮泥》《歌声》等陆续上了报纸和杂志,我的作文在王老师的帮助下不断地发表。我觉得自己离梦想越来越近。我要当一个像王老师一样的作家。

——张佳琳

第一次发表的感觉,我终生难忘。原本的我,有些自卑,认为自己写作水平差。可现在,我的内心多了自信。相信以后的日子里,我会继续发表文章。自信会转化成写文章的动力,动力会让我写出好文章,好文章发表了又会给我带来新的自信。如此循环,真好。

——杨梦蝶

当我得知《多年以后》上了《东阳日报》,我简直不敢相信是真的。对于我这样的学生来说,这是巨大的荣耀。我接过老师送我的报纸,老师用眼神告诉我:"这是你人生的第一次,但不是最后一次,你要更加努力,创下更辉煌的战果。"

——王嘉敏

阿秋在我眼里就是一个神话,她带领着我们在各地发表文章,让每一个同学找到作文的热情。每次发表了文章,阿秋都会让全班热烈鼓掌。在接受掌声时,我的内心忍不住地激动,血液不由自主地沸腾。是阿秋,让我拥有了人生中很多的第一次:第一次发表文章,第一次获得稿费,第一次接受独属于自己的掌声……

——郑欣冉

……

这些学生不知道的是,他们创造了一个奇迹。

9个多月的时间里,两个班106位学生人人发表了作文,总计226篇,平均每人年发两篇。这些作文,登上了《中学生》《创新作文》《中学生天地》《中学时代》《做人与处世》《课堂内外》《学生新报》《创作》等报刊,在全国各地开花。《语文报》《语文世界》《语文教学与研究》《作文新天地》等报刊,都推出了王秋珍的学生作文专版。

发表对学生来说,是一件很大、很幸福的事情。也许,稿费很少,但它带来的自我肯定感和精神愉悦感绝对不可小视。不少学生因为发表了文章,梦想自己以后能当作家。

遇到这样的老师,对于学生们来说,已经不是小确幸那么简单了。

这是一位怎样的老师

一开始,野茉莉带着试探性的目光,小心地张望,一朵,两朵,三朵,谦卑地跟行人打着招呼。慢慢地,它们的胆子大了起来,一大片一大片艳丽的玫红呼啸而来,好像一群十七八岁的小姑娘穿着妈妈刚买的裙子在翩翩起舞。姑娘们一边舞动裙袂,一边发出咯咯的笑声。那笑声宛如一个魔球,带着香气,在空气里奔跑、旋转,霸道地控制了我们的鼻孔和眼睛,还有心情。

——王秋珍《野茉莉》

看王秋珍的作品,是不是有种清新愉悦和思维被"挑逗"的感觉?前不久,她的《想偷一本书》一文还入选了2017年甘肃省庆阳市和白银市的中考语文阅读题。

王秋珍说:"写作和写作教学这条路,其实坎坷不平,但我愿意付出。"

因为在她眼中,选择了写作,就是选择了丰富多彩的人生。"写作可以把逝去的东西变成凝固的历史,可以把个人的故事变成群体共享的身份认同,可以让他人看到你不同寻常的思想与能力。"

最有力的是这句:"一个爱好阅读写作的人,因为有对文章调整修改的能力,他的人生也能删繁就简,去粗取精。"

附:2017年甘肃省白银市、庆阳市中考语文阅读题

想偷一本书

王秋珍

(1)我想偷一本书已经很久了。

(2)它就放在我们办公室一位同事的桌上。每天,我都能看见它。那蓝色的封面要多好看就有多好看。可是,它寂寞地待在桌上,从来没人去翻一翻。

(3)有一次,我看见同事拿起了它。我正暗暗为它高兴,却分明看见我的这位漂亮的女同事,只是用书扫了扫椅子上的灰尘。别的同事走过来走过去,总是低着头忙忙碌碌。那个叫手机的玩意儿成了大家的最爱。谁会留意一本书呢?

(4)慢慢地,我看见书的封面由蓝色变成了灰色。我还看见有好几次,漂亮的女同事把刚盛了水的杯子搁在它的上面。书的封面留下了一个圆圈,还带着褶皱,好像一个可怜的孩子歪着嘴巴在哭泣。

(5)我只想把它偷回家。

(6)可是,一想到偷,我的心就像要跳出胸膛。从小,爸爸就教育我,别人的东西不能拿,拿大拿小都是贼。因此,我一天天地看着它,看着办公室来来往往的同事,一直不敢给自己创造一个机会。

(7)可机会还是来了。

(8)那天,我打了一段文字,抬起头,蓦然发现办公室里居然只有我一个人。我按捺住狂跳的心,悄然起身,来到漂亮女同事的桌前。【A】我感觉有目光像舞台上的追光灯一样向我聚拢过来,我低下头试图躲开它。突然,一个声音从天而降:"你想干吗?"我的身子斜了斜,差点跌倒。我刚想回答,却听见那人继续在说:"好啦好啦,就你会耍贫嘴。我很忙,没空和你扯东扯西的。"说话间,我看见漂亮女同事飘逸的长裙在办公室里舞动了几步,倏地飘出去了。

(9)我,终于把书偷到了手。虽说窃书不算偷,我却感觉脸上有无数只蚂蚁在爬。从来没有想过,有一天,文明的我居然会和"偷"这么不文雅的字联系在一起。

(10)回家后,我拿出软毛巾轻轻地擦拭封面,又拿出吹风机吹那个固执的圆圈。最后,我把书的封底朝上,放在桌上,再压上了一条厚重的红木小方凳。

(11)次日,我把书拿出来,它又变成了端正的模样。【B】我的心里,涌上了酸酸甜甜的味道。

(12)我洗净双手,拿出偷来的书一页一页地翻起来。看着它们,我仿佛又走进了老时光。我看到了自己在养花种菜,在夕阳下徜徉,在厨房的油烟里战斗……

(13)是的,这是我写的书。每一个字,都像芬芳的花,让我驻足,流连。

(14)出版社只给了我50本样书。我舍不得卖,只想把书送给爱书的人。当初,漂亮女同事听说我出书了,就第一时间向我祝贺并要书一本。没想到,她要的只是一份客套。

(15)是的,只是一份客套。漂亮女同事一直把书放在桌上,从来不曾翻上一篇。如今,她和我的其他同事一样,一有空就刷微信、聊明星八卦,根本没有注意到桌上少了什么。那本曾被她扫过灰尘垫过杯子的书,好像从来都不曾出现过。

(16)我的心里蓦地跳出了一条鱼,在夏日的岸上左冲右突地扑棱。这份不安的心绪让我彻夜难眠。这个忙碌的时代,真的没人会停下来好好地看书了吗? 当初,我壮着胆子把书偷回来,只是想给书找一个懂它的人啊。

(17)某天,我终于点开一位微友问道:"你说大家喜欢读什么书啊?""什么? 书?"微友抛出两个问号,继续道,"谁还看书啊?"

(18)我仿佛听见了她在手机前的笑声。

(选自《小小说大世界》2016年第8期,有改动)

7."我"为什么要偷漂亮女同事的书?(4分)

答:＿＿＿＿＿＿＿＿＿＿＿＿＿＿＿＿＿＿＿＿＿＿＿＿

8. 联系上下文,回答括号中的问题。(6分)

(1)【A】处:我感觉有目光像舞台上的追光灯一样向我聚拢过来,我低下头试图躲开它。(本句运用了什么修辞? 有什么表达效果?)

答:＿＿＿＿＿＿＿＿＿＿＿＿＿＿＿＿＿＿＿＿＿＿＿＿

(2)【B】处:我的心里,涌上了酸酸甜甜的味道。("酸酸甜甜"一词写出了"我"怎样的心理?)

答:＿＿＿＿＿＿＿＿＿＿＿＿＿＿＿＿＿＿＿＿＿＿＿＿

9. 第(10)段运用了哪种表达方式? 有什么作用?(3分)

答:＿＿＿＿＿＿＿＿＿＿＿＿＿＿＿＿＿＿＿＿＿＿＿＿

10.第(16)段说"我的心里蓦地跳出了一条鱼,在夏日的岸上左冲右突地扑棱。这份不安的心绪让我彻夜难眠","我"为什么会感到不安?(2分)

答:＿＿＿＿＿＿＿＿＿＿＿＿＿＿＿＿＿＿＿＿＿＿＿＿

11. 这篇小说反映了怎样的社会现象? 你怎么看这种现象?(5分)

答:＿＿＿＿＿＿＿＿＿＿＿＿＿＿＿＿＿＿＿＿＿＿＿＿

"棒棒糖"老师的文学王国

金华日报记者 琚红征

"王秋珍新书《虽然爱》在新华书店销售,敬请支持!"这是王秋珍在自己QQ空间里的一篇日志。文中有一张她本人的配图:站在齐腰的香茅草中,穿一身橙黄靛青相间的套装,一张笑得很灿烂的脸孔很真诚地面对着你。

竞赛激发文学梦想

中师毕业的王秋珍20余年一直扎根基层。她追求"幸福课堂,快乐作文"的教学理念,坚守"享受语文,享受生活"的人生态度。

1996年,王秋珍参加了金华市青年教师下水作文竞赛。竞赛分两块,一是现场作文,一是平时的发表作文。当时,王秋珍抽到的现场作文题是《我最敬爱的人》。现场不少老师带了预先准备的作文应战,年轻的王秋珍只带了一支笔。但她没有慌张,她回忆了学生怎样写自己的细节,就以学生的口吻写下了一位老师,叫何老师。当然,何老师是自己的化身。这样的处理,王秋珍认为特别符合教师下水的要义,而且材料全来自生活。上交的发表作文,王秋珍选了发表在《浙江教育报》上的《一顿晚餐吃两次》,写的是某一次自己的饭盒倒了,学生一个个匀出饭给她吃,离校不远的巧琴同学还回家拿了饭。事情不复杂,却很温暖。

评比结果出来,王秋珍得了一等奖,也是东阳众多参赛老师中唯一的一等奖。好成绩给了王秋珍信心。王秋珍是中师生,她一直认为自己没有扎实的文字功底,不敢和文学结缘。但这次看似偶然的获奖后,文学在王秋珍面前招手。1997年,东阳市初中语文教研员杜伟中老师以东阳市语文教研室的名义帮王秋珍出了一本书,并命名为《王秋珍下水作文集》。杜老师还专门为之作序,并在序中说,希望王秋珍能写出更多的书来。

王秋珍非常感动。同年,她的一篇小评论登上了《人民教育》,虽然短小,但这様的国家级权威期刊,是多少人的文字梦想!她决心拿起笔,并且再也不放下。

做个"棒棒糖"老师

"争取做一个生活简单,学生欢迎的老师。"这位喜欢送学生巧克力、棒棒糖和书籍的老师,深受学生欢迎。孩子们称自己的王老师为"王子""阿秋""秋"。

作为一名教师,首先要育好人教好书。为提升自己,王秋珍爱上了看书,并开始了理论和实践的整合。她决心写一本论文专著。写论文枯燥乏味,是不少老师头痛的事情。王秋珍觉得应该多写写自己的教学实践。经过7年的积累,2004年,王秋珍的第2本书得以面世。王秋珍将它命名为《秋耕》,因为她觉得自己只是"秋季播种之前,用犁翻松土地",还远远没到收获的季节。教学之余,王秋珍笔耕不辍,在《中国教育报》《人民教育》《教师报》等报刊发表了几十篇随笔。王秋珍又萌发了将这些随笔结集的想法。于是,2008年,王秋珍出版了第3本书《彼岸花》,书名来源于书中的一篇文章。2009年,东阳市教研室为激励王秋珍的创作热情,又提出要给王秋珍出一本书,并取名为《春江水暖》。

下水作文、论文集、散文随笔,除了这些,王秋珍就差没写过小说。经常有学生对她说,老师,你来写一部校园小说吧,把我们快乐的生活都写进去。"我可以吗?"王秋珍问自己。有一回,她做了手术后躺在床上。妈妈告诫她,不要看书写字,不要着凉感冒,不要辛苦劳累……可是,躺在床上的时间实在太无聊,王秋珍偷偷地起床,写了几千字的小说。没想到,她的身体严重抗议了。王秋珍只好躺着,再也不敢轻举妄动。因为不满意,她还把自己辛辛苦苦写成的东西撕了。

一次,王秋珍看到有人这样描述巧克力:"几个美丽的贝齿轧过去,一汪浓香,一嘴春光,一舌翠绿热情的热带风光,一喉头的满足,一心的朴实幸福。"王秋珍萌发了写小说的灵感,书名就叫《巧克力》,希望自己热爱的教育能以"巧"克"力",充满幸福与快乐。后来,王秋珍看到《教师博览》上有"教师的绝活"征文,王秋珍就写了一篇《做一名"棒棒糖"老师》,6000多字的文章居然发表了。就这样,王秋珍又写出了散文集《棒棒糖》,和《巧克力》同时出版。2012年再版。

苦难是寻找幸福的线索

王秋珍写的书,儿子严寒都很喜欢看。有一次他对王秋珍说:"妈妈,您为什么总请别人题字?"王秋珍萌发了母子合作的想法。她负责文字,儿子负责题字和插图,在自己发表文章的同时,给儿子也留一点成长的印记。严寒很重视这次机会。

封面题字,写什么体好呢? 楷书、隶书、行书? 他觉得行书更老气,就从字帖里找了行书来练习,再找出最满意的三个字给了王秋珍。儿子学过软笔书法、素描、中国画,王秋珍又挑选了好一点的作品作为插图。2013年,新书《虽然爱》在一家人的期盼中面世了。

"我觉得自己就是一只丑小鸭,没有高贵的基因。是的,我的身体基因是很糟糕的。我的记忆里没有爷爷奶奶,爸爸的记忆里也没有他妈妈。我的爸爸妈妈身体都特别不好。我的弟弟24岁就因为肾脏不好,又没钱医治,活生生地离开了我们。想起往事,我的泪水怎么也止不住。"

这是王秋珍在博客《每个人都有属于自己的痛》中的一段文字。她患有严重的神经性耳鸣,每天要承受难言的痛苦。"很多人都觉得我阳光、开朗、热情,却不知我的抑郁、烦恼和自卑。从头看到脚,我觉得自己成了废人。""其实,我也要感谢苦难的岁月。它让我更快地成熟,并体会到很多同龄人体会不到的东西。也许,这些就是我成长的储蓄罐里最珍贵的东西吧。"

是文学让她找到了幸福的出口。因为文章写得多,书教得好,王秋珍成了《教师博览》的教育人物和《语文学习》的封面人物。她的很多文章上了《读者》《散文》《中国教育报》《人民教育》等刊物,不少文章还被其他报刊转载。2012年,王秋珍稿费单上的数字突破了2万元。面对旁人羡慕的眼光,王秋珍觉得那只是写作的副产品。写作带给她的是充实感和愉悦感。如今,她依然喜欢随手记下师生交往的点点滴滴,为未来的日子储蓄精神财富。

学生成"老师" 课堂"嗨"了

金华日报记者 杜晓萍

"丁零零",上课铃响了,"老师"章孜勤走上讲台喊道"上课",但没有人喊起立,这时他才反应过来,平时都是自己喊的。章孜勤其实是东阳吴宁一中的学生,前几天,他当了一回"老师",给同学上了一堂语文课。

"阿秋找到我,说有一篇选读课文让我上,我当时很吃惊,自己只是个学生,突然叫我去教同学,这可担当不起。"另一名学生徐天宇说。

"阿秋"是他们的语文老师王秋珍。在本周一的语文课上,她让学生站上了讲台,自己坐到了学生的座位上。

角色互换笑料百出

金怡娜从小就想当老师,当王秋珍让她上一堂课时,她觉得很自豪。备课三四天后,周一她站上了讲台。

"刚开始紧张得全身发抖,喊'上课'时还破音了。"在金怡娜看来,老师要眼观六路、耳听八方,而且很威风。于是,她也在课堂上"威风"了一回。在提问环节,一名学生回答不出,她便说"你先站着",然后问了一个更简单的问题,学生回答出来后才让他坐下。

梁静怡的课堂上,举手回答环节,教室里静悄悄。或许是觉得尴尬,她一直盯着书,把脸埋在书后,有两名同学举手了也不知道,他们用咳嗽声暗示,她也没有察觉,继续往下说。报听写时,她把"目空一切"念成了"空目一切",引得同学们哈哈大笑。

"当老师原来这么难"

上过课的学生告诉记者,这样的经历将终生难忘,亲身经历后,更能体谅老师的不易,明白课堂上的互动有多重要,同时也发觉了自己的不足之处。

因为紧张,徐天宇语速特别快,本以为讲了很久,结果上完课一看,才过了15分钟。不过,上课期间,同学们很配合,积极发言、与他互动,下课时,还主动为他鼓掌。

徐天宇平时爱看书,有同学在课堂上提问"苍蝇就爱脏的地方,为什么不会得病",这个问题他正好在书上看到过,马上就回答出来,让同学们佩服不已。

金怡娜口才不错,不过站在讲台上才发现,平时能说会道的自己,上了台还是有些词穷。她备课充分,上足了40分钟,但课后发现课上没有拓展知识。"当老师还得有体力,我上了半节课就口干舌燥,声音也越来越小了。"她说。

"当老师原来这么难,让同学起来回答问题,也不知该选谁。"章孜勤说,课堂的气氛和严肃性也要拿捏得当,太不容易了。

"课堂是一个好玩的地方"

在同学眼里,王秋珍是个鬼点子很多的语文老师,有时会角色扮演,重现课文中的场景,她的课别具一格。

"我教的每一届学生,都有机会当一回老师,这样做已经十多年了。"王秋珍说,一般她会选择初二、初三,且语文底子较好的学生。每个单元都有自读课文,老师可选择上或不上,于是,她就让学生来上。

为何想到让学生站上讲台? 王秋珍已想不起确切的原因,只记得以前有突发状况时,会试着让课代表批改听写作业、上台念课文,看到学生做得不错,她便逐渐萌生了这种想法。

看到同学体验了一回老师,另外一些学生也跃跃欲试,主动报名,排队等着给同学上课。"老师要在台上镇住整个班,不容易,我可能连头都不敢抬,一直低着。"张艳想挑战自我,主动提出要站上讲台。陈佳瑶和朱佳芸就是接下来的"老师",她们已经开始备课,既紧张又期待。

除了让学生上课,王秋珍也会让学生"辅导"同学写作。她创办了班刊《金秋》,学生发表在上面的作品,其他同学可以向作者提问,比如文章如何取材的、如何构思的,让作者"现身说法",讲解更有说服力。

在王秋珍看来,课堂是一个好玩的地方。"课堂不仅传授知识,我还想通过课堂促进学生的情商、提高能力。"她说,老师教学要放开做、放手做,相信学生。所以,王秋珍的学生语文成绩不错,尤其是作文成绩。

"很开心学生喜欢我的语文课,多年以后,他们或许会忘记我教的课本知识,却依然会记得那些好玩的点滴。"她说。

有童心者得真心

金华晚报记者　任文林

"棒棒糖"老师的称呼,是她自己突然想到的。她这样解释:"棒棒"是很好、很棒的意思;"糖"是甜蜜的教育艺术。

她觉得,一个人不管活到多大年纪,都不能丢掉童心。所以,这位棒棒糖老师在节日里,会给孩子们撒上一把一把的糖;课前问好时,会冷不丁说"同学们乖"……

马尾辫,齐刘海,喜欢穿裙子。

王秋珍是东阳吴宁一中语文老师,外界介绍她,大多不忘提及她已出版了7本书,合计140多万字。此外,她还因为"棒棒糖"老师,深受学生喜爱。

"很多人问我,你为什么跟学生关系这么好?我跟学生的关系真的很好啊。学生给我起了很多昵称,阿秋、王子、秋……而且大老远就这么叫我。"王秋珍笑着说,她很享受这种亲切。

课堂风趣

会玩文字游戏耍学生

"一个字四十八个头",这是阿秋老师给学生出的谜语。

"哪有这种字?我们的第一反应便是这样。但是同学们还是开始了积极地思考。"学生周梦寒说。

这时阿秋老师又说了:"猜对奖励衣服一套。"

在这种诱惑下,同学们更是活跃不已。大家争先恐后地跑上讲台,拿起粉笔写上心中最有把握的那个字。

一时间,黑板上的答案真是千奇百怪。更有人写了个"傻"字,再在下面写上一个大大的姓名,一不小心,就变成了"傻某某某"。45分钟的课堂是短暂的,这个"高智商"的问题看来要留到第二天了。

第二天的语文课,还没上课,卢涵就写了一个巨大的"井"字,又签上了自己以为完美的大名,等着奖品——那一套衣服。

领奖的时刻终于到了,看他满怀期待的表情,同学们都想笑。只见阿秋老师默不作声地拿掉身上的披肩,脱下身上的大红袍往卢涵的身上一套。还未等卢涵摸到,"刷"地一下,大红袍又回到阿秋老师的身上:"送上王秋珍的衣服一套,这里的'套'是动词哦。"

卢涵一脸遗憾,而其他同学却个个笑翻在位置上了。

朗诵会哭

说起理来入木三分

"上阿秋的课,总让人感觉不是在上课,而是在某卫视的现场参加一个互动的娱乐节目,这大概就是她上课的魔力所在吧。"学生何一珂说。

其实,阿秋老师是个很感性的人。每当朗读到动人处,她会扑簌簌落下泪来。但是,感性又不是她的全部。

上《论语》前,她给学生讲一个故事:鲁国有个规定,如果发现自己国家的人在别的国家做奴隶,可以买回来,由国家付钱。孔子的一位学生比较有钱,他买回奴隶后,就没向国家要钱。你赞成他这样做吗?

大部分学生表示赞成。他们认为,既然自己有钱,为什么不为国家贡献一份力量呢? 极少数学生表示不赞成,认为,个人花钱买下,那个人一辈子都亏欠了他,要对他感恩戴德。再说了,既然这是国家的规定,怎么可以随意违背呢?

在学生的激烈辩论后,她把孔子的想法说了出来。生活中,经常会有人好心办坏事,就像孔子的那位学生,他没有从国家的角度、他人的角度以及长远的角度来思考问题,就会把事情办砸。在很多人的眼里,孔子是一个迂腐的老头子。其实,即使在今天,他的思想依然是非常开明、非常有远见的。

老师是作家

学生也跟着爱文学

平时的教学,她追求课堂的生动,喜欢师生互动,更喜欢用"文本"和学生互动。

有时,她会让学生自己当老师,说说作文的选材、构思等。让全班参与写小说或微故事接龙。《会传染的感冒》《薰衣草的气息》《最荒诞的故事》《流蜜的地方》等都是学生取的题目。

这样做,人人都是参与者,很大地提高了学生作文的兴趣和记叙描写的能力。平时,她喜欢送学生书、棒棒糖等,喜欢和学生谈心。

她的学生喜欢文学的特别多。获得全国作文竞赛一等奖的郭佳钰同学很爱看书,文字相当老练,她坚持写小说连载《天台的记忆》,一章一章发在博客上。汤雨笛同学坦言要向莫言学习,要一辈子坚持写作。

"我希望儿子健康快乐,做个有爱的人。"在儿子面前,她更多的是母亲。儿子和她一样特别喜欢养花种草。家里没院子,却有100多个花盆。他们经常拿着相机去拍花拍蝴蝶;周末和假期去了好玩的地方,回来他们就写母子同题。

儿子爱看书,也发表了不少文章。她把儿子的作文、绘画、书法、照片,收集在一起,已经有7本了。

同样是作家型的教师,流潋紫写《甄嬛传》红得发紫。王秋珍说,她目前还没有往这个方向创作的想法。"写作更多的是内心表达的需要,它帮我梳理生活和情感,让我看清过往憧憬未来,更让我找到了和学生交流的支点。"

"棒棒糖"老师说:

教育需要一点调皮

一个教师失去了童心,就很难真正走进学生的心灵世界。也许这句话说得有点夸张,但是,王秋珍认为:"教育确实是需要一点调皮,一点童稚,一点浪漫的。"

李贽也说过:"童心者,真心也。"浙江大学教授刘力曾说起一件事:有一个班级,运动会得奖,学生不知道高兴。老师说:同学们,这是高兴的事。学生听了才呵呵地笑起来。

把学生教成了僵硬的读书机器,这种局面的造成,我们每个人都难逃其咎。

王秋珍曾接过这样一个班:课堂上,学生们整整齐齐地坐着,不笑,不闹,不哭,不言。这样的"好"纪律,没有让她开心,反而让她忧心忡忡。她说,"教育跳动着童心,才能焕发生命的活力。学海无涯不能永远让苦作'舟',应当快乐地扬起个性的风帆。"

这就是王秋珍,一个充满个性、才气的"棒棒糖"老师。

她说:"只要你心中有爱,你也能做'棒棒糖'老师。"

作家老师王秋珍

东阳教育电视台记者 俞江英

【口播】观众朋友们,晚上好,欢迎收看教育星空。今天要带大家认识一位作家老师。她在数百家报刊发表作品2000多篇,作品获全国级省级奖项40多项。迄今为止,她已出版的作品集达9部。不仅如此,这位视写作为人生幸福之事的老师也带出了许多特别爱写作的学生。本期节目,我们一起来认识王秋珍老师。

打开微信公众号"棒棒糖王秋珍",里面有王老师自今年7月份以来不断更新的内容,有她自己的作品,也有学生已发表过的文章。而早在2007年1月份,她就利用博客平台,发表自己、儿子还有学生的习作,迄今为止,已达1300多篇。她给自己的微信公众号取名"棒棒糖王秋珍",为什么是"棒棒糖"呢?

【采访】吴宁一中教师 王秋珍—— 为什么取名为棒棒糖

(因为我是这样想,棒棒的意思就是好。糖呢是很甜蜜的。我就把棒棒糖理解为一种甜蜜的教育艺术。再一个,就是平时我比较喜欢给学生撒棒棒糖。)

从教24年,王老师早已是一位很棒的老师,不仅课上得棒、班主任当得棒,写作教学更是棒棒的。她的学生迄今已在各级各类刊物上发表文章1700多篇,平均一下每年达七八十篇,这是个令同行咋舌的数字。她的一些学生更是因此走上了写作道路。

【采访】王秋珍学生——如何喜欢写作

(章孜勤:刚上初中的时候,我的作文水平是比较差的,现在是平时作文都能拿到高分的那种。厉汕:以前就是完全凑字数,现在完全是写着写着就停不下来了。)

学生从原来的害怕写作,到慢慢喜欢上写作。这一切,都是在王老师手里发生的蜕变。她,是怎么做到的呢?

来到王老师新任教的初一年级班级,一周一节的阅读课正如往常一样进行着。

王老师认为"阅读是吸收,写作是运用。没有一定的积累沉淀,写作就像空中楼阁"。为开拓学生的写作视野,不仅有每周一节的阅读课,她也将阅读和摘记作为学生每天的常规作业。一学期下来,学生常常可以摘录厚厚的一本。

【采访】王秋珍学生 ——如何指导摘抄

(杜海钰:这样可以提高我的知识面,也可以积累很多作文素材。陈宇:老师经常会给我们提供一些散文材料,经常教我们怎么选用材料。)

(首先你要看整篇文章。整篇文章连起来看,然后感觉哪里处理得好,比方说开头非常有悬念,描写很有味道,结尾设置很有它独特的东西,材料的设置很有个性等。这都可以摘记下来。)

同时,王老师觉得作文,重要的是做真诚的人,写真实的文。为避免学生作文中存在的材料虚编、情感空乏、言之无物等问题,她经常开展花样繁多的活动,让学生从中体验生活。比如让学生扮演课本中的角色;组织学生和家长一起登山;让学生走上讲台上一堂课。

【采访】王秋珍学生——自己印象最深的体验

(单雯慧:王老师之前让我去上一堂作文课。我一开始的时候,是真的很紧张很紧张。章孜勤:那种感觉,在上面就一直结巴。阿秋老师就站在下面看着我。梁静怡:我那时候没有那么紧张,这个体验让我感觉自己成长起来了。)

再比如让学生扮演孕妇、呵护一个鸡蛋等等。有位男同学说起书来绘声绘色,王老师就把他请上台来,给同学们好好表演了一番。(同期声)

这段来自鲁迅《阿长与<山海经>》中的文字,经过这位同学绘声绘色的描述,让大家仿佛身临其境,置身其中。这些体验促进了学生的成长,也因为有了真切感受,他们写起文章来不再笔头生涩、空虚乏味,而是洋洋洒洒,情文并茂了。

【采访】王秋珍学生——体验生活对写作的帮助

(楼淡如:经历丰富一点,写着就更有感觉一点,就会更加熟练地运用语言来叙述。陈佳瑶:语言描述能力会增强,会善于发现身边那种小事情,就可以写出那种生活中的味道。单雯慧:真真切切地有过这样的经历之后,写出来的文章,里面的感情就更真实,写出来的文章也就更生动了。)

要提高学生写作水平,既要鼓励学生多写,也要善于指导他们如何写。王老师珍惜每次作文批改。她会以最快的速度改出作文拿给学生。然后,在批改笔记中记下本次作文的情况,共性的、个性的,哪些需要表扬的、哪些又是不足的,为改后的点评课提供实在的依据。

【采访】吴宁一中教师　王秋珍——如何批改作文

(这么多作文,你要每篇每行每字什么都兼顾的话,愚公移山一样,老师也很累。所以我们肯定要智慧批改。我的评语,不讲究面面俱到。有的时候就是一篇文章看下来,哪一点感触最大,我就写那一点。)

(陈宇:王老师每一次在批改我们作文的时候,都会在作文的结尾写一些我们作文的优点,以及一点点缺点,让我们加以改正,写出更好的作文。)

翻阅同学们的作文,发现王老师还很喜欢给学生打高分。这是为什么呢?

【采访】吴宁一中教师　王秋珍——为什么打高分

(打高分,完全是为了激励他们。一般的文章我就打90分。实在太差就没分,让他改好了再给我。但是这里也有区别,就是90上去那个91到92,92到93,看起来只相差一分,但是跨越不是那么容易的。)

学生拿到高分,一定是开心的。更让他们开心的是,只要他们的作文有些许闪光点,就有机会拿到班上进行展读,或贴到班级墙报上。再出彩一些的,就可以拿到班刊《金秋》上发表。班刊《金秋》设置了师心如水、佳作推荐、我爱我家、奇思妙想、昨日风铃、同题擂台、青春思绪、读后有感、未来诗人、微写作等多个板块,可以集纳学生多个题材、不同文体的习作。这本班刊如今已经刊出了45期。层次再高一点,王老师会拿到自己的博客和微信上发表,接受大家的欣赏和评议。然后呢,是参加各级各类正规的比赛。最后,那些出类拔萃的文章,就有机会在报刊上发表啦。同学们说,正是通过一个个这样的平台,让他们获得了写作信心,点燃了写作热情。

【采访】王秋珍学生——各种平台对自己的激励

(单雯慧:哪怕我们的作文,写得还不是很好,她也会帮我们收到班刊里面,让我们觉得自己写的还是不错的,说不定下一个就是我发表了,就是那种感觉。陈佳瑶:从班刊到市刊,再到省级国家级的杂志,我都有发表。感觉写作已经成了生活的一部分。)

王老师的学生爱写作,当然还因为他们有一位同样酷爱码字的老师。王老师如今是浙江省作家协会会员、中国微篇小说新锐作家、《百花园》等杂志签约作家。她说,当初走上写作道路,就是从写教师下水作文开始。和学生经历同样的一件事,比如课堂趣事、野炊、来自学生的节日问候等,她都会转化成文字与学生分享。

【采访】吴宁一中教师 王秋珍——为什么爱上写作?

(老师跟学生像同学一样,一起来写同一个题目、同一个内容,这样写下来感觉也蛮有意思。老师可以更有效地指导学生,也不会生疏了自己的文笔。这样,每个人都可以好好地成长。梁静怡:老师是作家嘛,她的书我们看了,就感觉自己也可以像她那么棒。)

这样一位老师,是无比享受着她的教学生活的。而学生呢,多年以后,他们或许忘了曾教给他们的知识,却依然记得他们的王老师,记得他们相处的点滴。每逢教师节,王老师收到的鲜花、书信多得让人羡慕。学生喜欢称呼她为王子、阿秋,秋姐等等。阿秋常常成为学生笔下的人物,一篇篇充满情意的文章流露的是对阿秋的喜爱和敬意。

【采访】王秋珍学生——对老师的敬意。

(单雯慧:她经常上课分糖给我们吃啊什么的,其实都是一些很小的事情,但是总是让我们觉得,好像以前从来没有遇到这样一个老师,然后觉得她真的是很特别。厉汕:而且感觉阿秋就是不一样,容易亲近,像亲人一样。楼淡如:对我来说是很重要的人吧。)

生活中的阿秋,喜欢侍弄花草,喜欢厨房交响乐。儿子严寒受她影响,喜欢书法、写作,作文集也已经出了好几本。这样一位活得热情、爽朗、投入的老师,用她朋友的话说,就是永远让人感受到满满的正能量和闪光的梦想。

【采访】吴宁一中教师 王秋珍 —— 自己的人生感悟

(我感觉过去的事情都是小事情。我们每个人都曾经痛苦地生长,但是走着走着,路就宽了;走着走着,花就开了。每个人都有很多身份,但是读书者应该是我们最重要的身份。我感觉应该不断地阅读、广泛地阅读,这样我们的人生才会越来越丰盈。)

【口播】或许很多人都还不知道,这样一位在镜头前活泼欢笑、神采奕奕的老师其实还饱尝着严重颈椎病和多年神经性耳鸣的困扰。但她用自己的努力和热情与病痛抗争，把自己的生命活成了一个精彩而丰盈的故事，也在一届届学生中播撒下写作的种子，让写作成为他们一生的挚爱。或许，我们每个人都可以像王老师这样，试着活出更精彩的自己。